Auf den Spuren von Jesus Christus

Matthias Sachsenweger

Auf den Spuren von Jesus Christus

Ellert & Richter Verlag

Matthias Sachsenweger
Geb. 1954 in Halle an der Saale, 1973 bis 1979 Studium der Humanmedizin an der Universität Leipzig; klinische Tätigkeit und Habilitation an der dortigen Universitäts-Augenklinik. 1987 bis 1988 Lehrtätigkeit am Gondar College of Medical Sciences in Äthiopien. Seit 1990 niedergelassener Augenarzt in Landshut. Zahlreiche Publikationen zu augenheilkundlichen Fragen. 1994 außerplanmäßiger Professor an der Ludwig-Maximilians-Universität München. Aktives Mitglied der evangelischen Landeskirche.

Titelbild:
Ausschnitt aus: Leonardo da Vinci, Das Abendmahl (1495–97).
Fresco, 460 x 880 cm.
Mailand, Kloster S. Maria delle Grazie, Refektorium

Bildnachweis
Archiv für Kunst und Geschichte, Berlin: Titelabbildung
Artothek, Peißenberg: S. 12, 13
Bildarchiv Preußischer Kulturbesitz, Berlin: S. 14, 15, 19, 25, 26, 28, 36/37, 55, 56, 65, 66, 75, 76, 77, 79, 86, 87, 89
Bilderberg, Hamburg: S. 6/7, 10/11, 16/17, 22/23, 30/31, 34/35, 40/41, 42/43, 58/59, 60/61, 70/71, 82/83
Bridgeman Giraudon, Berlin: S. 29, 38, 46/47, 90/91
Hamburger Kunsthalle/artothek: S. 45
Tom Krausz, Hamburg: 8/9, 20/21, 32/33, 48/49, 50/51, 52/53, 62/63, 68/69, 72/73, 80/81, 84/85
Karte: Gondrom Verlag, Bindlach

Die Bibelzitate entnahmen wir mit freundlicher Genehmigung aus folgenden Ausgaben:
Lutherbibel, revidierter Text 1984, © 1985 Deutsche Bibelgesellschaft, Stuttgart
Lutherbibel, revidierter Text 1984, durchgesehene Ausgabe in neuer Rechtschreibung, © 1999 Deutsche Bibelgesellschaft, Stuttgart

Bibliographische Information der Deutschen Bibliothek
Die Deutsche Bibliothek verzeichnet diese Publikation in der Deutschen Nationalbibliographie; detaillierte bibliographische Daten sind im Internet über http://dnb.ddb.de abrufbar.

ISBN 3-8319-0177-5

Text und Bildlegenden:
Matthias Sachsenweger, Landshut
Gestaltung:
Büro Brückner + Partner, Bremen
Lithographie:
Barsuhn + Petersen, Hamburg
Druck:
Girzig + Gottschalk, Bremen
Bindung: S. R. Büge GmbH, Celle

Inhalt

Das spektakuläre Panorama des Berges Sinai (Berg Moses, Horeb). Entsprechend dem Alten Testament sprach hier Gott zu Mose im brennenden Dornbusch. Während des Auszugs der Israeliten schlug Mose hier mit einem Stab an einen Felsen, aus dem daraufhin eine Quelle entsprang, die dem dürstenden Volk Wasser spendete. Hier schloss Gott mit seinem Volk einen Bund und übergab Mose die Tafeln mit den Zehn Geboten (sinaitischer Bund, alter Bund). Den neuen Bund schloss Gott mit den Menschen durch die Person Jesu Christi und dessen Kreuzestod. Der Berg Sinai wird von Juden, Christen und Moslems gleichermaßen verehrt.

Ein überwältigendes Landschaftsschauspiel stellen die Säulen des Königs Salomo in Timna etwa 30 Kilometer nördlich des Roten Meeres dar. Angeblich hat der legendäre und überaus reiche Herrscher hier um 1000 v. Chr. Kupfer fördern und verhütten lassen. Die etwa 50 Meter hohen roten Sandsteinfelsen wirken majestätisch und bedrohlich. An dieser Stelle müssen auch die Israeliten vorbeigezogen sein, als sie auf dem Weg in ihre neue Heimat Kanaan waren. Die Wüste mit ihrer Einsamkeit und bizarren Schönheit steht in der jüdischen Tradition immer als ein Sinnbild für das Suchen nach Gott, auch im Leben Jesu.

Die von Herodes dem Großen ausgebaute, 410 Meter hohe, schiffsförmige Festung Masada unmittelbar am Westufer des Toten Meeres ist für das jüdische Volk ein Synonym für seinen fortwährenden Befreiungskampf. Ein stolzer, trutziger Berg in einer öden, unwirklichen Umgebung. Hier fiel im Jahre 73 n. Chr. die letzte jüdische Bastion im Jüdischen Krieg gegen die römische Unterdrückung. Zeloten hatten sich in der schier uneinnehmbaren Festung verschanzt und dem römischen Militär über Jahre hinweg Paroli geboten. In diesem Krieg wurden auch Jerusalem und der Tempel von den Römern zerstört, ein Umstand, auf den Jesus bereits etwa 40 Jahre vorher hinwies: *Und als er nahe hinzukam, sah er die Stadt und weinte über sie und sprach: Wenn doch auch du erkenntest zu dieser Zeit, was zum Frieden dient! Aber nun ist's vor deinen Augen verborgen.* (Lukas 19,41–42)

In Christus liegen verborgen alle Schätze der Weisheit und der Erkenntnis.

(Kolosser 2,3)

Für Milliarden von Menschen weltweit ist Jesus Christus die bemerkenswerteste Persönlichkeit, die je auf der Erde gelebt hat. Niemand hat die Welt so verändert wie er, seine Lehre ist für viele das Großartigste, was je ein Mensch geäußert hat. Sie ist die Grundlage unserer westlichen Zivilisation, unseres christlich-abendländischen Wertekanons. Seine Geburt ist der Beginn einer neuen Zeitrechnung. Viele seiner Worte haben Eingang in unsere Alltagssprache gefunden, etliche Feiertage unseres Kalenders gehen auf ihn zurück. Er hat unsere Kunst und Kultur beeinflusst und befruchtet wie kein anderer. Kaum jemand hat aber auch neben so engagierter Anerkennung so vehemente Ablehnung erfahren wie er. An keiner Person hat sich die Nachwelt so entzweit wie an ihm: Jesus Christus ist immer „Stein des Anstoßes" (Jesaja 8,14) gewesen, damals wie heute. Er war ein Mensch aus Fleisch und Blut, zeigte Gefühle, war müde und hungrig, hatte Angst, wurde versucht, konnte sich freuen und auch zornig werden, litt Schmerzen, liebte seine Freunde und vor allem Kinder.

Tizian (1487/90–1576), *Der Zinsgroschen*, Gemäldegalerie Dresden

Die Pharisäer fragten Jesus: *Ist's recht, dass wir dem Kaiser Steuern zahlen oder nicht? Er aber merkte ihre List und sprach: Zeigt mir einen Silbergroschen! Wessen Bild und Aufschrift hat er? Sie sprachen: Des Kaisers. Er sprach: So gebt dem Kaiser, was des Kaisers, und Gott, was Gottes ist!* (Lukas 20,22–25)

Auch unter nichtchristlichen Historikern ist heute unumstritten, dass Jesus wirklich gelebt hat, obwohl es keine Primärquellen gibt. Der römische Historiker und Schriftsteller Tacitus (55–116 n. Chr.) berichtet in seinen „Annalen" über den Gründer der christlichen Gemeinde: „Der Stifter dieser Sekte, Christus, ist unter der Regierung des Tiberius durch den Prokurator Pontius Pilatus hingerichtet worden." Josephus Flavius (37/38–100 n. Chr.) bezeichnet ihn als weisen Menschen und spricht von seinem Tod und seiner Auferstehung; Sueton (um 70–um 130 n. Chr.) und Plinius d. J. (62–um 113 n. Chr.) erwähnen ihn indirekt. Jesus (hebr. Jeschua, übersetzt: „Der Herr ist Heil") ist die zentrale Gestalt des Christentums. Das Bekenntnis zu ihm als dem Messias, als dem Gesalbten und Gottes Sohn ist der Mittelpunkt des christlichen Glaubens.

Wer den Namen des Herrn anrufen wird, der soll gerettet werden.
(Apostelgeschichte 2,21)

Die Moslems sehen in ihm hingegen nur einen Propheten Gottes, weisen ihm aber dennoch eine wichtige Stellung in ihrer Religion zu. Seine Rolle in der Weltgeschichte lediglich als die eines Religionsstifters, als eines Ideengebers und Aufklärers zu beschreiben, missversteht seine herausragende Bedeutung. In Matthäus 16,13–16 fragt er seine Jünger in der Nähe der Stadt Cäsarea Philippi:

Wer sagen die Leute, dass der Menschensohn sei? Sie sprachen: Einige sagen, du seist Johannes der Täufer, andere, du seist Elia, wieder andere, du seist Jeremia oder einer der Propheten. Er fragte sie: Wer sagt denn ihr, dass ich sei? Da antwortete Simon Petrus und sprach: Du bist Christus, des lebendigen Gottes Sohn!

Jesus stellt für die Christen die Erfüllung von etwa 300 alttestamentarischen Prophetien dar, die sich von seiner Geburt über die exakte Schilderung seines Leides und seines qualvollen Todes bis hin zu seiner körperlichen Auferstehung, dem Eckpfeiler des Christentums, erstrecken und die zu seiner Zeit zum Teil schon 1500 Jahre alt waren.

Was Jesus in seinem Leben vollbracht hat, ist das Erstaunlichste und Ungewöhnlichste, was je ein Mensch tat: Er verwandelt bei einer Hochzeit in Kana Wasser in Wein, stillt einen lebensbedrohlichen Sturm auf hoher See, vermehrt anlässlich einer Mahlzeit Brot

Lucas Cranach d. Ä.
(1472–1553),
Christus segnet drei Kinder,
Städelsches Kunstinstitut,
Frankfurt

Und sie brachten Kinder zu ihm, damit er sie anrühre. Die Jünger aber fuhren sie an. Als es aber Jesus sah, wurde er unwillig und sprach zu ihnen: Lasst die Kinder zu mir kommen und wehret ihnen nicht; denn solchen gehört das Reich Gottes (Markus 10,13–14). Für Jesus sind Kinder ein Gottesgeschenk und symbolisieren Lebensfreude und Offenheit.

und Fisch, damit 5000 Menschen satt werden können. Er heilt Blinde, Lahme, Gichtbrüchige und Geisteskranke, lässt Tote nach mehreren Tagen wieder auferstehen, liebt Ausgestoßene und Schwache, gibt sein Leben selbstlos für andere hin, zeigt Demut ohne Schwachheit, Selbstlosigkeit ohne Selbstmitleid, teilt Freude aus, die nicht auf Kosten anderer geht, spricht Worte voll Weisheit und Liebe. Seine Lehre stellt eine Revolution in den zwischenmenschlichen Beziehungen dar und hat das Wesen von Millionen Menschen beeinflusst: Liebe deinen Nächsten wie dich selbst, wenn dich jemand auf die rechte Wange schlägt, halte ihm auch die andere hin, liebet eure Feinde, tut anderen das, was ihr selbst gerne hättet. Der Mittelpunkt der Lehre Jesu ist er selbst. Er steht auf einer Stufe mit Gott (Johannes 10,30: *Ich und der Vater sind eins*) und kann daher auch in Vollmacht Sünden vergeben. Er, der auch als der Menschensohn bezeichnet wird, ist der Nabel der Welt, der Anfang und das Ende, das Alpha und das Omega und sagt über sich selbst:

Ich bin das Brot des Lebens.
(Johannes 6,35)

Ich bin das Licht der Welt.
(Johannes 8,12)

Ich bin die Auferstehung und das Leben. Wer an mich glaubt, der wird leben, auch wenn er stirbt.
(Johannes 11,25)

Und Jesus ist auch der Richter der Welt:

Wenn aber der Menschensohn kommen wird in seiner Herrlichkeit, und alle Engel mit ihm, dann wird er sitzen auf dem Thron seiner Herrlichkeit, und alle Völker werden vor ihm versammelt werden. Und er wird sie voneinander scheiden, wie ein Hirt die Schafe von den Böcken scheidet.
(Matthäus 25,31–32)

Letztendlich haben zu seiner Zeit nur die wenigsten diesen hohen religiösen Anspruch akzeptiert, insbesondere die geistlichen Führer des jüdischen Volkes nicht, so dass es nicht Wunder nimmt, dass die Hohepriester, Schriftgelehrten und die meisten Pharisäer damals seine Äußerungen als Gotteslästerung verstanden und ihn trotz der ihnen wohl bekannten Prophetien nicht als den Messias ansehen konnten. Der Konflikt war unausweichlich. Sie erwarteten keinen, der sich mit den Schwachen und Ausgestoßenen solidarisiert, der zu den Sündern geht, mit Frauen gleichberechtigt spricht und sich des Unrechts annimmt. Sie hofften auf einen starken Erlöser, der in der ganzen Herrlichkeit König Davids kommt, der in Gold

Die Heilung des Blindgeborenen, El Greco, um 1570, Gemäldegalerie Alte Meister, Dresden

Das Neue Testament berichtet an zahlreichen Stellen über Jesus' Wunderheilungen an Blinden. Dabei steht die Heilung nicht nur für die Überwindung eines körperlichen Gebrechens, sondern auch für die Gewinnung einer geistlichen Erkenntnis.

und Purpur gekleidet die Juden von der römischen Knechtschaft befreit. Jemanden, der ausspricht:
So gebt dem Kaiser, was des Kaisers ist, und Gott, was Gottes ist!
(Matthäus 22,21)
Wer verhassten Zöllnern vergibt und sich von den Römern nicht distanziert, kann nicht der Messias sein, auf den das ganze Judentum seit Jahrhunderten wartet. So übergibt der Hohe Rat, der die äußeren Regeln und Gesetze der Religion mehr achtet als ihren Inhalt, diesen Jesus den politisch Verantwortlichen zur Hinrichtung.
Jesus will nicht durch Herrschen, sondern vielmehr durch Dienen, Demut und Gehorsam erlösen. Auch Jesus ist zwar nach biblischem Verständnis ein König, aber sein Reich ist nicht von dieser Welt. Sein Reich gründet sich nicht auf Gewalt und Kampf, sondern auf Gerechtigkeit und Wahrheit und lebt von der Gnade Gottes, die uns Menschen Vergebung schenkt. Käme er heute auf unsere Welt, wäre er wie damals für viele eine Herausforderung. Sein wirklicher Lebensweg lässt sich heute – nach 2000 Jahren – nur schwer nachverfolgen. Die wichtigsten Quellen für das Leben und die Lehre Jesu sind die vier Evangelien des Neuen Testaments, verfasst von Matthäus, Markus, Lukas und Johannes. Obwohl sie keine Biographien im heutigen Sinne sind und sein sollten: Sie beschreiben weniger den historischen Jesus als vielmehr den Christus des Glaubens, den lebendigen Sohn Gottes. Für sie sind die historischen Zusammenhänge und authentischen Begebenheiten nebensächlich und von untergeordnetem Interesse, für sie zählen allein die Weiterverbreitung der „Guten Botschaft" und das Erlösungswerk für uns Menschen.

Matthias Grünewald (1470/75–1528), *Kreuzigung, Isenheimer Altar*, 1513, Unterlindenmuseum, Colmar

Es gibt unzählige künstlerische Versuche, die Leiden Christi am Kreuz darzustellen. Grünewald ist dies in einer besonders anschaulichen und eindringlichen Art und Weise gelungen: Der geschundene graue Körper mit angespannten Muskeln und verkrampften Fingern ist von den überstandenen Qualen gezeichnet. Am Fuße des Kreuzes wird Jesus als das Lamm Gottes symbolisiert, Johannes der Täufer weist auf der rechten Bildseite auf diesen Zusammenhang hin. Links trauern Maria, Maria Magdalena und Johannes.

Galiläa ist ein bergiges, fruchtbares und schönes Land. Hier ist Jesus aufgewachsen, hier hat er gelehrt und geheilt. Der See Genezareth war ihm besonders vertraut. Jesus hat seine Heimat, diese Landschaft und ihre Menschen sehr geliebt, nicht zuletzt verwendet er in seinen zahlreichen Gleichnissen immer wieder Bilder aus dem dortigen bäuerlichen Leben: So vergleicht er sich selber nicht selten mit einem Hirten, uns Menschen mit Schafen: *Ich bin der gute Hirte. Der gute Hirte lässt sein Leben für die Schafe.* (Johannes 10,11)
In dieser wunderschönen, friedlichen Landschaft kommt man Jesus wohl am nächsten, doch richtig „greifen“ lässt er sich nur in seinem Wort, in den Evangelien.

Weh euch, Schriftgelehrte und Pharisäer, ihr Heuchler, die ihr das Himmelreich zuschließt vor den Menschen! Ihr geht nicht hinein, und die hinein wollen, lasst ihr nicht hineingehen.

(Matthäus 23,13)

Jesus wird in eine Zeit hineingeboren, in der der verhasste und grausame Herodes, genannt „der Große", König der Juden ist, das Land seit 63 v. Chr. unter römischer Fremdherrschaft steht und trotz einer teilweisen Selbstständigkeit sehr schwer daran trägt. (Viele Juden leben nach der Devise: Kein Herr über uns als Gott!) Hunderttausende haben das Land verlassen und wohnen zerstreut in der Diaspora, meist im Mittelmeerraum. Herodes ist ausgesprochen loyal gegenüber Rom und jederzeit bereit, all jene umzubringen, die seine Autorität untergraben, einschließlich engster Familienangehöriger. Nach seinem Tod im Jahr 4 v. Chr. wird das Land unter drei seiner Söhne, Herodes Archelaus, Herodes Antipas und Herodes Philippus, aufgeteilt. Es kommt zu Aufständen, die der Römer Publius Quinctilius Varus blutig niederschlägt.

Die wichtigen Provinzen Judäa und Samaria im Süden fallen zunächst Herodes Archelaus zu, dem sie vom römischen Kaiser allerdings wenig später wegen allzu tyrannischer Herrschaft wieder abgenommen und einem römischen Prokurator zur direkten Verwaltung übergeben werden. Diese Funktion nimmt in der Zeit von Jesu Kreuzigung Pontius Pilatus wahr. Er verachtet die Juden und kommt nur gelegentlich nach Jerusalem. Seine Residenz hat er im mondänen Cäsarea an der Mittelmeerküste (Caesarea maritima), von wo er am leichtesten Verbindung zu Rom, dem Zentrum des römischen Weltreiches, halten kann. Pontius Pilatus ist grausam, berechnend und bestechlich und wird im Jahre 36 n. Chr. wegen fortgesetzter Gewalttätigkeiten abgesetzt.

Der machtbesessene und rücksichtslose Herodes Antipas herrscht über Galiläa und Peräa und damit auch über den Westteil des Sees Genezareth, an dessen Ufer er seine neue Hauptstadt Tiberias erbauen lässt. Die Stadt ist auf einem ehemaligen jüdischen Friedhof gegründet und gilt deshalb unter den Juden als unrein, da ihre Friedhöfe nicht überbaut werden dürfen.

Der tolerantere und aufgeklärtere Herodes Philippus regiert unter anderem über Ituräa und Batanäa und somit über das Ostufer des Sees Genezareth von der Hauptstadt Cäsarea Philippi aus. In sein Gebiet weicht Jesus immer wieder aus, wenn ihm andernorts nachgestellt wird. Aber er kämpft nie gegen seine Verfolger, ruft nie zu Waffengewalt auf und fordert, Konflikte mit friedlichen Mitteln zu lösen. Er sieht die politisch Mächtigen als von Gott eingesetzt an, selbst die verhasste römische Besatzungsmacht in seiner Heimat. Jesus sagt zu Pilatus anlässlich seiner Vernehmung:

Du hättest keine Macht über mich, wenn es dir nicht von oben her gegeben wäre. (Johannes 19,11)

Die Juden sind um die Zeitenwende alles andere als geeinigt; ihre Interessen und Ansichten sind höchst unterschiedlich: Die Sadduzäer stellen traditionell die Elite des Volkes dar. Sie haben sich mit Rom arrangiert und kooperieren mit der Besatzungsmacht. Die Pharisäer sind Schriftgelehrte. Sie befolgen und hüten das Gesetz, die Bücher Mose und der Propheten, auf das Peinlichste und glauben daher, unfehlbar und untadelig zu sein. Sie werden von Jesus wiederholt scharf wegen ihrer Scheinheiligkeit und Herzlosigkeit angegriffen. Die Essener leben asketisch in klosterähnlichen Anlagen und sehen sich als die einzig wahren Gläubigen, während die Zeloten mit Waffengewalt für die Befreiung ihres Volkes eintreten.

Der Hohepriester ist der höchste Repräsentant des jüdischen Volkes und Vorsitzender des Hohen Rates (Sanhedrin), in dem 71 Älteste und Schriftgelehrte sitzen. Er wird von Rom eingesetzt und befasst sich ausschließlich mit religiösen und zivilrechtlichen Angelegenheiten. Politische Entscheidungen oder das Fällen eines Todesurteils muss er aber der römischen Verwaltung überlassen. Meist wird das Amt „verkauft“ und dem Meistbietenden übertragen. Da der Titel nach Amtsenthebung weiter geführt werden darf, gibt es im Hohen Rat nicht selten mehrere Hohepriester. Zur Zeit Jesu Verurteilung nimmt Joseph Kaiphas das Amt des Hohepriesters wahr, der durch 18 lange Jahre, in denen er Herr des Tempels war, zu einer Institution geworden ist. Er ist als Sadduzäer Rationalist und Realpolitiker und versucht, das instabile Gleichgewicht zwischen Römern und Juden zu erhalten. Kaiphas erwartet keinen Messias und glaubt weder an Wunder noch an das ewige Leben. Anders die Pharisäer. Bei ihnen ist die Messiaserwartung allgegenwärtig. Allerdings sind sie der festen Überzeugung, dass der Erlöser nur aus ihren eigenen Reihen kommen kann.

Das einfache jüdische Volk ist nicht nur politisch unterdrückt und religiös bevormundet, sondern auch sozial verarmt und völlig rechtlos. Die Menschen arbeiten als Bauern, Fischer oder Handwerker, leben in einfachen Steinhäusern oder kleinen Höhlen und haben nur eine mittlere Lebenserwartung von etwa 35 Jahren. Das Elend ist erschütternd. Die Straßen sind voll von Bettlern, Blinden und Krüppeln, eine medizinische Versorgung gibt es nicht. Die meisten Juden haben nur einen Trost: ihren Gott. Er wird sie irgendwann erlösen.

Gemälde aus der Schule Rembrandts, *Christuskopf*, Staatliche Museen zu Berlin

Rembrandt hatte in Amsterdam Kontakt zu zahlreichen Juden. In einer Rabbinenschule fand er Menschen, die ihn zum Malen einer lebensnah-realistischen Christus-Gestalt inspirierten.

Der Jordan spielt sowohl im Alten als auch im Neuen Testament eine herausragende Rolle und wird zahlreiche Male in der Bibel erwähnt: So muss Josua mit dem Volk Israel den Fluss überqueren, um in das von Gott verheißene Land zu gelangen. An seinem Ufer hat Johannes der Täufer zur Buße und Umkehr aufgerufen, mit dem Wasser des Jordan hat er Jesus getauft. Der Fluss entspringt am Fuße des Berges Hermon, durchfließt den See Genezareth und schlängelt sich von dort ins Tote Meer. Das Foto zeigt den Jordan bei Banyas, dem Caesarera Philippi zur Zeit Jesu.

Im Osten Judäas, am Rande von Jerusalem und Bethlehem, beginnt die Judäische Wüste und zieht sich bis zum Jordangraben und zum Toten Meer hin. Die gebirgige Wüste wird von tiefen Trockentälern durchschnitten. In einigen dieser Wadis treten Karstquellen zu Tage, so auch im Wadi Kelt, dessen Quellen die Oase von Jericho bewässern. Andere Täler können im Winter von gewaltigen Sturzbächen erfüllt werden. In einer dieser tiefen Schluchten, im „Tal der Todesschatten“ oder der „Blutsteige“ (Steige von Adummim) zwischen Jerusalem und Jericho, siedelt Jesus das Gleichnis vom barmherzigen Samariter an.

Es wird ein Stern aus Jakob aufgehen und ein Zepter aus Israel aufkommen und wird zerschmettern die Schläfen der Moabiter und die Scheitel aller Söhne Sets.

(4. Mose 24,17)

Jesus wurde kurz vor dem Tod Herodes' des Großen in Bethlehem im Stammesgebiet Judäa geboren. Seine Mutter Maria war entsprechend biblischen Berichten zur Zeit der Geburt noch Jungfrau. Ihr erschien ein Engel, der sie auf die kommenden Ereignisse vorbereitete.

Und der Engel sprach zu ihr: Fürchte dich nicht, Maria, du hast Gnade bei Gott gefunden. Siehe, du wirst schwanger werden und einen Sohn gebären, und du sollst ihm den Namen Jesus geben. Der wird groß sein und Sohn des Höchsten genannt werden; und Gott der Herr wird ihm den Thron seines Vaters David geben, und er wird König sein über das Haus Jakob in Ewigkeit, und sein Reich wird kein Ende haben. (Lukas 1,30–33)

Die Jungfrau Maria war mit Josef, einem Zimmermann aus Nazareth, verlobt. Josef betrachtete die Schwangerschaft verständlicherweise mit einem gewissen Argwohn. Im Traum erschien ihm ebenfalls ein Engel und teilte ihm mit, dass die Schwangerschaft Marias ein Werk des Heiligen Geistes sei.

Die Beschreibung der Geburt Jesu findet sich bei Lukas 2,1–21; diese Verse werden auch heute gerne als so genannte Weihnachtsgeschichte erzählt:

Es begab sich aber zu der Zeit, dass ein Gebot von dem Kaiser Augustus ausging, dass alle Welt geschätzt würde ... Und jedermann ging, dass er sich schätzen ließe, ein jeder in seine Stadt. Da machte sich auf auch Josef aus Galiläa, aus der Stadt Nazareth, in das jüdische Land zur Stadt Davids, die da heißt Bethlehem, weil er aus dem Hause und Geschlechte Davids war, damit er sich schätzen ließe mit Maria, seinem vertrauten Weibe; die war schwanger. Und als sie dort waren, kam die Zeit, dass sie gebären sollte. Und sie gebar ihren ersten Sohn und wickelte ihn in Windeln und legte ihn in eine Krippe, denn sie hatten sonst keinen Raum in der Herberge. Und es waren Hirten in der selben Gegend auf dem Felde ...
(Lukas 2,1–8)

Die Weisung zu einer Steuererhebung durch die Römer war demnach der Anlass zu einer Registrierung in Bethlehem (übersetzt: Haus des Brotes), einer fruchtbaren Stadt am Rande der judäischen Wüste, aus der der König David stammte. Letztendlich erfüllt sich damit auch in diesem Punkt eine alttestamentarische Prophezeihung, die da lautet:

Und du, Bethlehem Efrata, die du klein bist unter den Städten Juda, aus dir soll mir der kommen, der in Israel Herr sei. (Micha 5,1)

Die Geburtskirche in Bethlehem wurde bereits im Jahre 339 geweiht und bezeichnet den Platz beziehungsweise die Höhle, in der sich die Christenheit die Geburt Jesu vorstellt. Sie wurde mehrfach nur unwesentlich umgebaut; zur Zeit der Kreuzzüge verkleinerte man wohl die Türen, damit die Kreuzritter mit ihren Pferden nicht respektlos ins Kirchenschiff reiten konnten.

Der Geburtstag Jesu wurde erst im 4. Jahrhundert auf den 25. Dezember festgelegt (die orthodoxen Christen feiern Weihnachten am 6. Januar, die armenischen am 18. Januar). Doch es ist relativ unwahrscheinlich, dass die Geburt wirklich im Winter stattfand, weil sich die erwähnten Hirten um diese Jahreszeit wegen der Kälte nicht mehr nachts auf freiem Feld aufhielten. Auch bei der Nachberechnung des Geburtsjahres im 6. Jahrhundert ist es möglicherweise zu einem Fehler gekommen, zumal nur im Jahr 7 v. Chr. die Planeten Saturn und Jupiter mehrfach so nahe beieinander

Martin Schongauer
(um 1450–1491)
Die Geburt Christi,
Staatliche Museen zu Berlin

Da machte sich auf auch Josef aus Galiläa, aus der Stadt Nazareth, in das jüdische Land zur Stadt Davids, die da heißt Bethlehem, weil er aus dem Hause und Geschlechte Davids war, damit er sich schätzen ließe mit Maria, seinem vertrauten Weibe; die ward schwanger. Und als sie dort waren, kam die Zeit, dass sie gebären sollte. Und sie gebar ihren ersten Sohn und wickelte ihn in Windeln und legte ihn in eine Krippe, denn sie hatten sonst keinen Raum in der Herberge. Und es waren Hirten in der selben Gegend auf dem Felde. (Lukas 2,4–8)
Jesus ist in sehr einfachen Verhältnissen zur Welt gekommen, seine Eltern hatten wenig, noch nicht einmal eine adäquate Unterkunft für ihren neugeborenen Sohn. Er wird sich später immer wieder für die Armen und Ausgestoßenen einsetzen.

Peter Paul Rubens (1577–1640), *Die Anbetung der Könige, o. J. (Ausschnitt)*, Bildergalerie Potsdam Sanssouci

Als sie den Stern sahen, wurden sie hocherfreut und gingen in das Haus und fanden das Kindlein mit Maria, seiner Mutter, und fielen nieder und beteten es an und taten ihre Schätze auf und schenkten ihm Gold, Weihrauch und Myrrhe. (Matthäus 2,10–11)
Die drei Weisen (oder Könige) aus dem Morgenland, das zwischen Euphrat und Tigris liegt, sehen am Himmel den sogenannten Stern von Bethlehem, der nach einer alten hebräischen Überlieferung die Ankunft des Messias ankündigt. Sie machen sich umgehend auf den Weg, um dem König der Juden zu huldigen und ihm Geschenke zu überbringen. Dieser Geschichte wird alljährlich am 6. Januar gedacht. Zu Weihnachten wird sie bei jedem Krippenspiel entsprechend in Szene gesetzt.

lagen, dass das menschliche Auge beide Sterne als einen einzigen, dafür sehr hellen, eben als den Stern von Bethlehem, wahrgenommen hat. (Nach einer alten hebräischen Überlieferung ist mit der Ankunft des Messias zu rechnen, wenn die beiden Planeten perspektivisch so angeordnet sind, dass sie wie einer aussehen.) Es wäre also nach heutigem Wissensstand durchaus möglich, dass Jesus im Jahre 7 v. Chr. geboren wurde, zumal auch in diesem Jahre die Volkszählung stattgefunden haben muss, wie aus anderen Quellen hervorgeht. Dies ist natürlich nur eine Hypothese. Letztendlich ist jedoch nicht das Datum wichtig, sondern der Inhalt des Weihnachtsfestes, das Schlagen der Brücke von Gott zum Menschen.

Es erhebt sich nun die Frage, warum sich Josef mit seiner hochschwangeren Frau von Nazareth aus nach Bethlehem auf den Weg machte, zumal es den Römern völlig gleichgültig war, aus welchem Geschlecht jemand stammte. Es wird vermutet, dass Josef, da er aus Bethlehem stammte, dort Familienbesitz hatte und verständlicherweise seine Familie dort gründen wollte. Nun wird seit eh und je, möglicherweise zu Unrecht, angenommen, dass die Bewohner Bethlehems abweisend und ohne Mitleid gewesen wären und die junge Maria in einem Stall haben entbinden lassen, da kein Raum in der Herberge gewesen sei. Dies ist sicherlich unzutreffend. Viel wahrscheinlicher ist, dass das Wort „katalyma" im griechischen Originaltext nicht mit Herberge oder Karawanserei, sondern vielmehr mit Zimmer oder guter Stube zu übersetzen ist. Demnach hätte Maria zur Geburt des kleinen Jesus sehr wohl im Haus der Großfamilie Aufnahme finden können, das meist nur aus einem Raum bestand und in dem gleichzeitig die Haustiere untergebracht waren. Auch das ist natürlich nur eine Hypothese. Auf alle Fälle stammt Jesus aus einfachen Verhältnissen. Deshalb versteht er die Menschen aus den unteren Gesellschaftsschichten besonders gut und ergreift immer wieder Partei für sie.

Im Matthäusevangelium wird von den drei Weisen aus dem Morgenland berichtet, die durch den Stern von Bethlehem auf die Geburt des Messias, des Königs der Juden, aufmerksam wurden und sich umgehend auf den Weg machten, um ihm als Vertreter fremder Völker zu huldigen und Gold, Weihrauch und Myrrhe als Geschenke zu überbringen.

König Herodes ist der Besuch der Gelehrten nicht verborgen geblieben. Aus Angst um seine Autorität hat er daraufhin den Befehl gegeben, alle kleinen Kinder in Bethlehem zu töten. Josef wurde der biblischen Überlieferung nach aber im Traum von einem Engel gewarnt und aufgefordert, mit seiner Familie umgehend nach Ägypten zu fliehen und erst nach Herodes' Tod wieder zurückzukehren: Schon zu Zeiten des Alten Testaments suchten die Israeliten, wenn sie in Bedrängnis gerieten, immer wieder in Ägypten Zuflucht. Dort lebten zu Beginn unserer Zeitrechnung etwa eine Million Juden. Somit erfüllte sich die Prophezeiung des Propheten Hosea, die er um 750 v. Chr. niedergeschrieben hatte:

Und rief ihn, meinen Sohn, aus Ägypten. (Hosea 11,1)

Maria und Josef lebten vor und nach der Geburt Jesu im galiläischen Nazareth, wo Josef seiner Arbeit als Zimmermann nachging. Nazareth war damals ein kleines, unbedeutendes, armes, entlegenes Dorf mit wahrscheinlich weniger als 400 Einwohnern, eines von vielen im überwiegend von Heiden bewohnten Galiläa. Nathanael, ein späterer Jünger, bemerkte hierzu vor dem ersten Treffen mit Jesus skeptisch:

Was kann aus Nazareth Gutes kommen! (Johannes 1,46)

Nazareth liegt klimatisch begünstigt in einem Hochtal in wunderschöner Umgebung. Die Luft ist kühler als am Mittelmeer und insbesondere am See Genezareth. Durch die relativ häufigen Niederschläge ist das Gebiet fruchtbar, so dass Zitrusgewächse und Olivenbäume reichlich Früchte tragen. Heute leben in der geschäftigen Stadt mehr als 60 000 Menschen, meist arabische Christen. Sie ist die größte christliche Stadt Israels.

In Nazareth hat Jesus wohl eine unbeschwerte Kindheit im Kreise seiner Eltern, seiner vier jüngeren Brüder und seiner Schwestern verbracht. Hier hat er als Ältester entsprechend der Tradition von seinem Vater das Zimmererhandwerk gelernt und ausgeübt, hier wird er in der benachbarten Synagoge seine religiöse Ausbildung erhalten haben, von hier aus ist er zu den Festlichkeiten nach Jerusalem aufgebrochen. In der Bibel wird er deshalb immer wieder als Jesus von Nazareth oder als Nazarener bezeichnet. Aus dieser Zeit ist wenig bekannt, es sind die so genannten 30 verborgenen Jahre vor seinem öffentlichem Auftreten. Bekannt ist aber, dass er hier als geistiger Lehrer nicht sehr geschätzt wird:

Kein Prophet gilt etwas in seinem Vaterland. (Lukas 4,24)

Nach einer wortgewaltigen Predigt in der Synagoge fragten sich Jesu Nachbarn skeptisch:

Ist er nicht der Sohn des Zimmermanns? (Matthäus 13,55),

was soviel bedeuten sollte wie: Der hat doch auch nicht mehr studiert als wir. Voller Empörung wollte man ihn sogar wegen Gotteslästerung von einem Bergabhang stürzen und steinigen.

Beato Angelico,
Der Kindermord zu Bethlehem, um 1435, Museo di San Marco, Florenz

Als Herodes nun sah, dass er von den Weisen betrogen war, wurde er sehr zornig und schickte aus und ließ alle Kinder in Bethlehem töten und in der ganzen Gegend, die zweijährig und darunter waren. (Matthäus 2,16)
Herodes der Große fühlt sich in seiner Macht durch die Geburt Jesu, des Königs der Juden, bedroht. Damit Jesus ihm nicht gefährlich werden kann, lässt er all jene Kinder umbringen, die in der Gegend um Bethlehem geboren wurden. Aber Jesus entgeht dem Mordkomplott: Durch einen Engel gewarnt verlässt seine Familie Judäa in Richtung Ägypten.

Jesus hat seine Heimat, diese Landschaft und ihre Menschen zweifellos sehr geliebt. Nicht zuletzt verwendet er in seinen späteren Gleichnissen immer wieder Bilder aus der hier vorkommenden Pflanzenwelt und aus dem bäuerlichen Leben: So vergleicht er das Reich Gottes mit einem Senfkorn, einem winzigen Samen, der sich aber zu einem riesigen Baum auswachsen kann, Gottvater mit einem Weingärtner, sich selbst mit einem Weinstock und uns Menschen mit Reben, die des Weinstocks bedürfen und vom Winzer beschnitten werden müssen, um Frucht hervorbringen zu können.

Und warum sorgt ihr euch um eure Kleidung? Schaut die Lilien auf dem Feld an, wie sie wachsen: sie arbeiten nicht, auch spinnen sie nicht. Ich sage euch, dass auch Salomo in aller seiner Herrlichkeit nicht gekleidet gewesen ist wie eine von ihnen.
(Matthäus 6,28–29)

Jesus wendet sich mit diesen Worten nicht gegen eine angemessene Vorsorge und vernünftige Lebensplanung, sondern appelliert an die Menschen, sich nicht von ihren Alltagssorgen beherrschen zu lassen. Materielle Dinge und irdische Probleme sollen nicht dominieren.

Nicht weniger aktuell ist in diesem Zusammenhang die Geschichte von einem reichen, jungen Mann, der vor Jesus auf die Knie fällt und ihn fragt, wie er das ewige Leben erlangen könne. Jesus erwidert, dass der Jüngling die Gebote einhalten, seinen Besitz verkaufen und das Geld den Armen geben solle, worauf sich dieser betrübt abwendet, *denn er hatte viele Güter.* Danach Jesus:

Es ist leichter, dass ein Kamel durch ein Nadelöhr gehe, als dass ein Reicher ins Reich Gottes komme.
(Markus 10,22 und 25)

Auch von seinen Jüngern und denen, die ihm nachfolgen, fordert Jesus, dass alle menschlichen Befindlichkeiten und alle Sorgen um weltlichen Besitz zurückzustehen haben.

An anderer Stelle sagt er zu diesem Thema:

Ihr sollt euch nicht Schätze sammeln auf Erden, wo sie die Motten und der Rost fressen und wo die Diebe einbrechen und stehlen. Sammelt euch aber Schätze im Himmel.
(Matthäus 6,19–20)

Bartholomeus Breenbergh (1599–1657), *Christus und der reiche Jüngling*, Privatsammlung

Jesus sprach zum reichen Jüngling: Verkaufe alles, was du hast, und gib's den Armen ... Als er (der Jüngling) *das aber hörte, wurde er traurig, denn er war sehr reich. Jesus sprach: Denn es ist leichter, dass ein Kamel durch ein Nadelöhr gehe, als dass ein Reicher in das Reich Gottes komme.*
(Lukas 18,22 und 25)

Blick auf die Stadt Nazareth, wo Jesus im Kreise seiner Eltern und Geschwister die Kindheit und Jugend verbrachte. Nazareth liegt klimatisch begünstigt in einem Hochtal in wunderschöner Umgebung. Durch relativ hohe Niederschläge ist das Gebiet fruchtbar, Zitrusgewächse und Olivenbäume tragen reichlich Frucht. Hier hat Jesus das Zimmererhandwerk erlernt und seine religiöse Ausbildung erhalten. Hier ist er als geistiger Lehrer allerdings nicht sehr geschätzt worden: Nach einer wortgewaltigen Predigt in der Synagoge wollten ihn die Einwohner sogar von einem Bergabhang stürzen und steinigen. (Lukas 4,29–30)

Olivenbäume sind im Heiligen Land allgegenwärtig und für die Gewinnung von Speiseöl unentbehrlich. Zuweilen haben sie jahrhundertealte knorrige Stämme. Werden sie abgeschlagen, treiben die starken Wurzeln immer wieder neu aus.
So ist es nicht verwunderlich, dass sie in der Bibel mehrfach als Synonym für Lebenskraft, Ausdauer und Stetigkeit gebraucht werden: *Ich aber werde bleiben wie ein grünender Ölbaum im Hause Gottes; ich verlasse mich auf Gottes Güte immer und ewig.* (Psalm 52,10)

Nach der Geburt Jesu floh seine ganze Familie nach Ägypten, um den Nachstellungen von König Herodes zu entgehen. Schon zu Zeiten des Alten Testaments suchten die Israeliten in Situationen der Bedrängnis immer wieder in Ägypten Zuflucht. Am Fuße des Berges Sinai liegt das griechisch-orthodoxe Katharinenkloster, das 527 vom römischen Kaiser Justinian gegründet und nach der christlichen Märtyrerin St. Katharina von Alexandrien benannt wurde.
Die bis zu zwei Meter dicken und 15 Meter hohen Mauern schließen eine Vielzahl von Kapellen und Kirchen sowie den legendären Mosebrunnen ein, wo Moses auf der Flucht vor dem Pharao die sieben Töchter Jitros aus der Gewalt von einheimischen Hirten befreite und dafür eine von ihnen als Braut erhielt (2. Mose 2,16–22).
In der weltbekannten Klosterbibliothek werden alte handgeschriebene Manuskripte verwahrt. Hier fand der deutsche Forscher Friedrich von Tischendorf 1844 den aufsehenderregenden Codex sinaiticus, eine Abschrift des Neuen Testaments aus dem 4. Jahrhundert.

Jesus Christus spricht:
Siehe, ich mache alles neu!

(Offenbarung 21,5)

Jesu öffentliches Wirken erstreckte sich nach den Angaben im Johannesevangelium über maximal drei Jahre. Zweifelsfrei steht fest, dass es mit seiner Taufe am Jordan durch Johannes den Täufer, einen sich von Heuschrecken und wildem Honig ernährenden Asketen, begann, der hier eine radikale Umkehr zu Gott durch Sündenbekenntnis predigte und eine symbolische Reinigung am Fluss vornahm. Johannes prangerte in diesem Zusammenhang auch schonungslos und für alle Ohren hörbar die Sünde seines Landesvaters Herodes Antipas, Sohn Herodes' des Großen, an, der seine Nichte und Schwägerin Herodias zur Frau nahm und damit gegen ein Gesetz im dritten Buch Mose (18,16) verstieß:

Du sollst mit der Frau deines Bruders nicht Umgang haben; denn damit schändest du deinen Bruder.

Dies kostete Johannes wenig später den Kopf.

Jesus hatte es wahrlich nicht nötig, sich taufen zu lassen, da er ja ohne Sünde war und sich von Gott nie abgewendet hatte. Letztendlich gefiel Gott Jesu Taufe dennoch, sonst hätte er nicht kurz darauf den Himmel aufgetan, eine Taube herabfliegen lassen und gesagt:

Dies ist mein lieber Sohn, an dem ich Wohlgefallen habe. (Matthäus 3,17)

Die Bibel beschreibt die besagte Stelle mit „Betanien jenseits des Jordans" (Johannes 1,28), kurz vor der Einmündung des Flusses in das Tote Meer gegenüber von Jericho.

Hier beruft sich Jesus wenig später auch auf die ersten fünf Jünger, hier soll der Prophet Elia zur Zeit des Alten Testaments in den Himmel entrückt worden sein (Elias Hügel), hier rasteten die Israeliten unter Führung Josuas, ehe sie über den Jordan nach Kana hinüberzogen.

Entsprechend den Aufzeichnungen des Neuen Testaments wird Jesus nach der Taufe, der symbolischen Hinwendung zu Gott, noch vor seinem öffentlichen Auftreten während einer vierzigtägigen Fastenzeit drei Mal vom Teufel versucht. Die Dauer von 40 Tagen ist zweifellos eine Anspielung auf den 40-jährigen Marsch der Israeliten durch die Wüste und das 40-tägige Fasten von Moses auf dem Berg Sinai. Der Ort des Geschehnisses ist in der Bibel nicht genauer beschrieben; der Begebenheit wird noch heute auf dem Berg der Versuchung (Berg der Vierzig), einem steilen, nach Jericho abfallenden Wüstenberg, gedacht, wo auch das gleichnamige Kloster in die Felswand eingelassen ist. Hier stellte Jesus seine eigenen Wünsche zurück und unterwarf sich bedingungslos dem Willen des Vaters. Er widersetzte sich der Aufforderung

des Teufels, Stein in Brot zu verwandeln, von der Zinne des Tempels zu springen oder die Weltherrschaft zu übernehmen. Indem er den Versuchungen widerstand, richtete sich Jesus auch gegen das Messiasbild seiner Zeit: er ist nicht der Notwender jeglichen menschlichen Elends, auch des Hungers, nicht der unbesiegbare, weil von Engeln beschützte Kämpfer und der unumschränkte Weltbeherrscher. Jesus will als Messias in erster Linie dem inneren und nicht dem äußeren Menschen dienen.

In unmittelbarer Nähe des Berges der Versuchung in der judäischen Wüste befinden sich die Ausgrabungen von Qumran, wo einst eine Essenergemeinde isoliert nach strengen Vorschriften

Die Hochzeit von Kana, Gemälde von einem venezianischen Meister, 16. Jh., Museo Correr, Venedig

Jesu erstes Wunder geschah in Kana in Galiläa: Bei einer Dorfhochzeit verwandelt er Wasser in Wein.

Der Überlieferung nach wurde Jesus in einem Stall in Bethlehem geboren. An dieser Stelle wurde bereits im Jahre 339 die Geburtskirche geweiht. Vor ihrem Altar geht es hinab in die Geburtsgrotte. Ein silberner Stern, der im Boden eingelassen ist, bezeichnet jenen Platz, an dem sich die Christenheit die Geburt Jesu vorstellt.

Kommt her zu mir, alle,
die ihr mühselig und beladen seid;
ich will euch erquicken.

(Matthäus 11,28)

Jesu Hauptwirkungsstätte liegt zweifellos am See Genezareth (Galiläisches Meer), vor allem in den jüdischen Dörfern am Westufer und in den Hügeln Galiläas. Der bis zu 21 Kilometer lange und zwölf Kilometer breite See liegt 212 Meter unter dem Meeresspiegel und ist Teil des großen Grabenbruchs, der sich über das Rote Meer bis hin zum Rift Valley in Ostafrika erstreckt. Nicht selten treten bedrohliche Fallwinde von Westen oder Nordwesten auf, die sich durch ein orgelndes Brausen ankündigen. Zu Jesu Zeiten zogen viele Reisende auf der Via Maris zwischen Ägypten und dem Zweistromland und von Damaskus zum Mittelmeer durch diese Gegend, es gab wegen der Grenznähe Zollstationen und römische Garnisonen. Der Fischfang ernährte viele Menschen, der Boden ist Schwemmland und ausgesprochen fruchtbar. Das subtropische Klima ohne Frost im Winter lässt fast das ganze Jahr über Ernten zu.

In dieser wunderschönen, friedlichen Landschaft kommt man Jesus wohl am nächsten, doch richtig „greifen“ kann man ihn auch hier nicht. „Anfassen“ lässt er sich nur in seinem Wort, in den Evangelien. Bei den meisten Erinnerungsstätten am See Genezareth ist man sich heutzutage keineswegs sicher, ob sich die angesprochenen Begebenheiten wirklich hier zugetragen haben. Aber ist es wirklich so wichtig, ob es hier oder einige hundert Meter weiter entfernt geschah? Die Stimmungen und Aussagen sind doch viel entscheidender.

Die meisten Dörfer, in denen Jesus heilte und lehrte, sind heute nicht mehr bewohnt, nicht mehr auffindbar oder Ruinenhügel. So auch Betsaida am Zufluss des Jordan, wo er einem Blinden das Augenlicht wiedergab, und Chorazin einige wenige Kilometer nordwestlich davon.

Auch Kapernaum ist nur noch ein Ruinenfeld, wenn auch teilweise ausgegraben. Das damals geschäftige Fischerdorf liegt im Norden des Sees auf einem schmalen Uferstreifen, umgeben von schwarzen Basalthügeln. Es ist einer der am häufigsten in den Evangelien erwähnten Orte, von dem Markus sagt, Jesus sei hier zu Hause gewesen. Hier muss er sich sehr wohl gefühlt haben, hier ist Jesus, anders als in Nazareth, anerkannt, hier hat er großen Zulauf. Im 2. Kapitel des Markusevangeliums wird die bekannte Geschichte erzählt, in der das Haus, in dem Jesus predigt, so von Zuhörern überlaufen ist, dass man kurzentschlossen das Dach abdeckt, um einen Gelähmten an Stricken zu Jesus herunterzulassen, damit er ihn heilen und ihm seine Sünden vergeben kann. An einer anderen Stelle wird berichtet, dass sich die ganze Stadt vor der Tür des Hauses versammelt, in dem sich Jesus aufhält. Ob es sich hierbei um das Haus des Simon Petrus und seiner Schwiegermutter handelt, die Jesus von einem bösen Fieber heilt? Ihr Haus glaubt man in unmittelbarer Nähe der alten Synagoge ausgemacht zu haben. Es diente nachweislich bereits im 2. Jahrhundert als Versammlungsstätte und Hauskirche der ersten Christen. Bei Ausgrabungen fand man in einer Ecke den Namen Petrus in griechischer Schrift eingeritzt. Im 5. Jahrhundert wurde auf den Fundamenten eine achteckige byzantinische Kirche errichtet.

Der Glaube kann offensichtlich Berge versetzen und Menschen auf dem Wasser gehen lassen, geschehen mitten auf dem See Genezareth auf der Fahrt nach Betsaida. Jesu Jünger, ein Teil von ihnen Fischer und erfahrene Seeleute, rudern vergebens des Nachts, um sich vor einem drohenden Sturm ans sichere Ufer zu retten, während Jesus auf einem Berg betet und sie beobachtet. Als er ihrer Verzweiflung gewahr wird, geht er ihnen auf dem See entgegen. Die Jünger kommen aus dem Staunen nicht heraus und sind außer sich (Markus 6,45–52). Im Matthäusevangelium wird

diese berühmte Geschichte weitererzählt. Danach fasst sich Petrus ein Herz und sagt:
Herr, bist du es, so befiehl mir, zu dir zu kommen auf dem Wasser. Und er sprach: Komm her! Und Petrus stieg aus dem Boot und ging auf dem Wasser auf Jesus zu. Als er aber den starken Wind sah, erschrak er und begann zu sinken und schrie: Herr, hilf mir! Jesus aber streckte sogleich die Hand aus und ergriff ihn und sprach zu ihm: Du Kleingläubiger, warum hast du gezweifelt? (Matthäus 14,28–31)
Glaube kann die Angst besiegen, Unglaube führt zum Untergang. Wenn man aber Jesus die Hand reicht, ist man nicht verloren. Eine tiefe Symbolik!

Vor einigen Jahren wurde im Uferschlick des Sees Genezareth bei Niedrigwasser ein Fischerboot gefunden, das um die Zeitenwende zum Fischen diente und jetzt nach umfangreichen Restaurierungsarbeiten im Yigal-Allon-Museum im Kibbuz Nof Ginosar nördlich des altertümlichen Magdala, des Geburtsorts von Maria Magdalena, besichtigt werden kann. Es bietet mit neun Meter Länge und zweieinhalb Meter Breite für etwa 15 Personen Platz. Jesus könnte mit seinen Jüngern durchaus in einem derartigen Boot unterwegs gewesen sein, von denen es damals Hunderte gegeben haben muss.
Nicht weit von Kapernaum entfernt liegt Tabgha, die Stelle, an der seit dem 3. Jahrhundert der Speisung der Fünftausend und des Wunders der Brot- und Fischvermehrung gedacht wird. Auch diese Geschichte ist wohlbekannt und wird in allen vier Evangelien erzählt: Jesus predigt einer großen Zuhörerschaft einen ganzen Tag lang am Ufer des Sees. Gegen Abend stellt sich nach der geistigen Stärkung bei allen Beteiligten Hunger ein. Aber nichts ist da; nur ein kleines Mädchen

Philipp Otto Runge (1777–1810), *Christus auf dem Meer*, Hamburger Kunsthalle

Jesu Jünger versuchen auf dem See Genezareth, sich vor einem drohenden Sturm zu retten. Jesus geht ihnen auf dem Wasser entgegen.

hat fünf Brote und zwei Fische mitgebracht. Und Jesus lässt austeilen. Das Unvorstellbare tritt ein: Brote und Fische reichen nicht nur den 5000 Menschen für die Stillung ihres Hungers, es bleibt sogar ein stattlicher Rest von zwölf Körben übrig. Aus einer Mangelsituation entsteht Überfluss, weil ein Kind Jesus alles gibt, was es hat. Ein symbolträchtiger Blick ins Reich Gottes?

In Tabgha steht die Brotvermehrungskirche, die 1982 vom Deutschen Verein des Heiligen Landes im byzantinischen Stil über etlichen Vorgängerbauten errichtet wurde. Einzigartig sind die künstlerisch wertvollen, jahrhundertealten Mosaike, die neben Fisch- und Brotmotiven auch Pflanzen- und Tierdarstellungen zeigen. Nur wenige Schritte entfernt liegt ein kleiner Felsvorsprung mit Treppen zum See, wo sich Christen an die Erscheinung Jesu nach seiner Auferstehung erinnern. Daneben befindet sich die kleine Peterskirche aus schwarzem Basalt. Der Überlieferung nach soll Jesus hier Simon Petrus in sein Amt eingeführt haben:

Du bist Petrus, und auf diesen Felsen will ich meine Gemeinde bauen.
(Matthäus 16,18)

Jules Joseph Meynier (1826–1903), *Der schlafende Christus auf dem Boot*, Musée Municipal, Cambrai

Jesus schläft im Boot, während seine Jünger verzweifelt im Sturm um ihr Leben kämpfen. Sie sind voller Angst und erfahren schließlich, dass Gottes Güte und Glaube größer sind als ihr Zweifel und ihre Angst. Er *stand auf und bedrohte den Wind und das Meer ... Die Menschen aber verwunderten sich und sprachen: Was ist das für ein Mann, dass ihm Wind und Meer gehorsam sind?* (Matthäus 8,26–27)

Unmittelbar oberhalb von Tabgha liegt der Berg der Seligpreisungen mit einer wunderschönen katholischen Kirche in einem noch schöneren Garten, wo an die Bergpredigt Jesu (Matthäus 5–7), seine wohl wichtigste und bekannteste Rede, gedacht wird. In den ersten vier Seligpreisungen versprach Jesus denen, die arm vor Gott sind, die keine Gewalt anwenden, die hungern und dürsten nach der Gerechtigkeit und den Trauernden eine Wende ihres Schicksals und einen späteren Lohn im Himmel. Diese Aussagen haben Generationen von Menschen getröstet und ermutigt. Im Weiteren sprach er von den Leitlinien des zwischenmenschlichen Lebens. Seine Worte gipfeln in dem Satz:

Trachtet zuerst nach dem Reich Gottes und nach seiner Gerechtigkeit, so wird euch das alles zufallen.
(Matthäus 6,33)

Viele haben ihn nicht verstanden, viele entsetzten sich, aber viele hat er mit seinen Worten bis in unsere heutige Zeit hin verändert.

Vom Berg hat man einen atemberaubenden Blick auf den See. Die achteckige Franziskanerkirche mit offenen Arkaden wurde 1938 nach Plänen des bekannten italienischen Architekten Antonio Barluzzi erbaut. Die liebliche Landschaft und die malerischen Ausblicke haben sich seit Jesu Zeiten kaum verändert. Wie gut kann man noch heute nachvollziehen, dass es Jesus immer wieder auf diesen Berg zum Gebet hingezogen hat. An diesem einzigartigen Ort sollte man sich inspirieren und die Worte Jesu auf sich wirken lassen.

Jesus ist zweifelsohne oft den Weg vom See Genezareth nach Nazareth gegangen. Er führt auf der Via Maris in der Nähe von Magdala durch das Taubental, eine wildromantische Schlucht, in der es sich auch heute noch trefflich spazieren gehen lässt. Auf dieser Fußwanderung kommt man auch am Berg Tabor vorbei, der seit dem 4. Jahrhundert als „Berg der Verklärung Christi“ gilt. Er überragt als imposanter Kalksteinkegel die ganze Umgebung. Ob sich allerdings die Begebenheit, die zu Anfang des 17. Kapitels des Matthäusevangeliums geschildert wird, hier oder auf einem anderen Berg zugetragen hat, ist nicht sicher. Auf alle Fälle ist Jesus mit Petrus, Jakobus und Johannes auf den Gipfel gezogen, um hier die längst heimgegangenen Propheten Mose und Elia zu treffen und sich mit ihnen zu unterhalten. Petrus wird Zeuge der Macht, die Jesus von Gott her zuteil wird. Später schreibt er darüber:

Denn wir sind nicht ausgeklügelten Fabeln gefolgt, ... sondern haben seine Herrlichkeit selber gesehen. Denn er empfing von Gott, dem Vater, Ehre und Preis durch eine Stimme, die zu ihm kam von der großen Herrlichkeit: Dies ist mein lieber Sohn, an dem ich Wohlgefallen habe.
(2. Petrus 1,16–17)

Jesu Hauptwirkungsstätte ist zweifellos der See Genezareth (Galiläisches Meer). Der bis zu 21 Kilometer lange und zwölf Kilometer breite Süßwassersee liegt 212 Meter unter dem Meeresspiegel und ist Teil des großen Grabenbruchs, der sich über das Rote Meer bis hin zum Rift Valley in Ostafrika erstreckt. Heute ist das Leben hier eher ruhig und beschaulich, früher war es geschäftig und lebendig. Viele Reisende zogen auf der Via Maris durch diese Gegend, es gab wegen der Grenznähe Zollstationen und römische Garnisonen, der Fischfang ernährte viele Menschen.

In der Verkündigungskirche mit gleichnamiger Grotte in Nazareth hat der Überlieferung nach der Erzengel Gabriel der Jungfrau Maria die Geburt Christi verkündet. ... *Fürchte dich nicht, Maria, du hast Gnade bei Gott gefunden. Siehe, du wirst schwanger werden und einen Sohn gebären, und du sollst ihm den Namen Jesus geben. Der wird groß sein und Sohn des Höchsten genannt werden; und Gott der Herr wird ihm den Thron seines Vaters David geben und er wird König sein über das Haus Jakob in Ewigkeit, und sein Reich wird kein Ende haben.* (Lukas 1,30–33)

VERBUM CARO
HIC FACTVM
EST

Ruinen der Synagoge von Kapernaum aus nachchristlicher Zeit, die aus einer dreischiffigen Basilika mit Atrium und umlaufenden Säulenreihen besteht. Kapernaum, ein damals geschäftiges Fischerdorf am See Genezareth, gilt als der Hauptwirkungsort Jesu. Kapernaum ist einer der am häufigsten in den Evangelien erwähnten Orte, von dem Markus sagt, Jesus sei hier zu Hause gewesen. Jesus prophezeit der Stadt wegen ihres frevelhaften Lebens den Untergang; sie ist heute archäologisch interessant, aber nicht mehr bewohnt.

Der Geist des Herrn ist auf mir, weil er mich gesalbt hat, zu verkündigen das Evangelium den Armen; er hat mich gesandt, zu predigen den Gefangenen, dass sie frei sein sollen, und den Blinden, dass sie sehen sollen, und den Zerschlagenen, dass sie frei und ledig sein sollen, zu verkündigen das Gnadenjahr des Herrn.
(Lukas 4,18–19)

Jesus ist oft in Jerusalem gewesen. Gläubige Juden fanden sich zu den drei wichtigsten Festen, dem Passa-, Pfingst- und Laubhüttenfest im Jerusalemer Tempel ein, um gebührend zu feiern. Jesus wird oft dabei gewesen sein. Lukas berichtet, wie seine Eltern für ihr erstgeborenes Kind im Tempel dem Herrn ein Auslösungsopfer dargebracht haben, sicherlich zwei Turteltauben, und ihn als Zwölfjährigen dort verloren, als er mit Schriftgelehrten diskutierte und darüber die Zeit vergaß. Jesus hat dieses geistige und politische Zentrum seines Volkes geliebt.

Natürlich sieht Jerusalem heute anders aus als zu Jesu Zeiten. Damals hatte es schätzungsweise 35000 Einwohner. Von der Stadt, wie Jesus sie kannte, ist wenig übrig geblieben, vom Tempel noch weniger. Nur die westliche Außenbegrenzung, die heutige Klagemauer, ist erhalten. Ihre Fundamente liegen durch Verschüttungen und Zerstörungen mittlerweile 19 Meter unter der Erdoberfläche. Der Tempel muss damals ein imposantes Gebäude gewesen sein. Bei seinem Anblick sagt einer der Jünger:
Meister, siehe, was für Steine und was für Bauten! (Markus 13,1)

Bei Ausgrabungen hat man an der Südwestecke der Mauer einen Stein von fast zwölf Meter Länge, einem Meter Höhe und drei Meter Breite entdeckt. Ist das der *Stein, den die Bauleute verwarfen* und *der zum Eckstein geworden* ist? (Matthäus 21,42)

Es wäre durchaus möglich, zumal Jesus in seinen Gleichnissen immer Situationen und Objekte verwendete, die den Menschen aus dem täglichen Leben bekannt waren. Heute ist das ehemalige Tempelareal mit islamischen Heiligtümern besetzt, insbesondere mit dem weithin golden leuchtenden Felsendom. In seinem Inneren liegt jener Felsen, der seinerzeit der Ort des Brandopferaltars war und auf dem Abraham seinen Sohn Isaak opfern sollte.

An der Ostmauer des Tempels befindet sich das Goldene Tor, durch das Jesus auf dem Rücken eines Esels am Palmsonntag vom Ölberg kommend unter viel Jubel der Bevölkerung einzog. Genau an dieser Stelle erwarten die Juden das Kommen des Messias: *Und seine Füße werden stehen zu der Zeit auf dem Ölberg, der vor Jerusalem liegt nach Osten hin.* (Sacharja 14,4) Weil damit die Auferstehung der Toten verbunden ist, haben sich viele von ihnen am Fuße des Ölbergs bestatten lassen, um als erste dabei zu sein. Einige Gräber lassen sich um 4000 Jahre zurückdatieren. Hier liegt der älteste, kontinuierlich benutzte Friedhof der Welt. Saladin, Sultan von Ägypten und Syrien (1138–1193), hat aus Angst vor diesen Prophetien das Tor zumauern und moslemische Gräber davor anlegen lassen, denn der Messias darf als jüdischer Hohepriester keinen Friedhof betreten. Ob Saladin damit wohl den Lauf der Zeit aufhalten kann?

Es gibt viele Geschichten von Jesus im Tempel, wo er oft lehrte. Die bekannteste ist sicherlich die von der Tempelreinigung. Damals war es üblich, das lebende Tier, das für die eigenen Sünden Gott als Opfer dargebracht wurde, unmittelbar vor der Schlachtung zu kaufen, um es nicht über weite Entfernungen mitnehmen zu müssen. Darüber hinaus durfte die Tempelsteuer nur in Silberschekel aus Tyrus entrichtet werden. Alles war auf Gesetzlichkeit ausgerichtet. Opfertierverkäufer und Geldwechsler hatten ihre Stände im Tempelbezirk, gingen dort ihrem Geschäft nach und machten reichlich Gewinne, an denen auch die Tempelverwaltung beteiligt war. Jesus empfand dies als Provokation und prügelte die Händler hinaus:
Es steht geschrieben: Mein Haus soll ein Bethaus heißen; ihr aber macht eine Räuberhöhle daraus. (Matthäus 21,13)

Rembrandt (1606–1669), *Christus vertreibt die Wechsler aus dem Tempel*, 1626, A. S. Puschkin, Museum für bildende Künste, Moskau

Und er fand im Tempel die Händler, die Rinder, Schafe und Tauben verkauften, und die Wechsler, die da saßen. Und er machte eine Geißel aus Stricken und trieb sie alle zum Tempel hinaus samt den Schafen und Rindern und schüttete den Wechslern das Geld aus und stieß die Tische um und sprach zu denen, die die Tauben verkauften: Tragt das weg und macht nicht meines Vaters Haus zum Kaufhaus!
(Johannes 2,14–16)
Der Tempel ist nicht dazu da, um Geschäften nachzugehen. Und: Die Nähe zu Gott und seine Gnade sind nicht käuflich.

Fresco von Simone Martini (1280/85–1344), *Die Auferweckung des Lazarus*, um 1325, Magdalenenkapelle von S. Francesco, Assisi

Jesus sprach: Hebt den Stein weg! Spricht zu ihm Marta, die Schwester des Verstorbenen: Herr, er stinkt schon; denn er liegt seit vier Tagen. Jesus spricht zu ihr: Habe ich dir nicht gesagt: Wenn du glaubst, wirst du die Herrlichkeit Gottes sehen? ... Als er das gesagt hatte, rief er mit lauter Stimme: Lazarus, komm heraus! Und der Verstorbene kam heraus, gebunden mit Grabtüchern an Füßen und Händen ...
(Johannes 11,39–44)

Diese Zurechtweisung hat den Offiziellen natürlich nicht gefallen. Jesus konnte auch energisch werden, insbesondere, wenn es um die Verwässerung des Glaubens und um halbherzige Kompromisse ging. Diese heftige Reaktion weist aber auch darauf hin, dass durch seinen späteren Tod am Kreuz derartige Opfer überflüssig sein würden, da der Heilsplan Gottes darin besteht, Jesus ein für allemal für unsere Sünden zu opfern. Er ist das Opferlamm. Er ist der Ausweg aus der Gesetzlichkeit.

Die denkwürdigste überlieferte Geschichte über Jesus im Tempel handelt von einer Ehebrecherin, die entsprechend der mosaischen Tradition gesteinigt werden sollte. Pharisäer und Schriftgelehrte baten Jesus in dieser Angelegenheit um seine Meinung, um ihn in einen Konflikt zwischen dem heiligen Gesetz und seiner Lehre von Buße und Sündenvergebung zu führen. Jesus antwortete salomonisch und mit bemerkenswerter intellektueller Schärfe: *Wer unter euch ohne Sünde ist, der werfe den ersten Stein auf sie.*
(Johannes 8,7)

Dieser bemerkenswerte Satz hat bekanntlich dazu geführt, dass sich die Ankläger beschämt abwendeten und verstummten. Sehen wir nicht auch oft den Splitter im Auge unserer Mitmenschen, während wir den Balken im eigenen Auge verkennen? Jesus wollte das Vergehen der Frau keineswegs bagatellisieren, er eröffnete ihr aber die Mög-

lichkeit der Umkehr und des Neuanfangs.
Auf Petrus' Frage, wie oft man einem Bruder, der an einem gesündigt hat, zu vergeben hätte und ob diesbezüglich siebenmal ausreichen würde, antwortet Jesus:
Ich sage dir, nicht siebenmal, sondern siebzigmal siebenmal.
(Matthäus 18,22)
Für die Heilung körperlicher Gebrechen steht exemplarisch die Geschichte von dem Gelähmten am Teich Betesda. In der Bibel wird von der gängigen Praxis berichtet, dass sich Kranke an diesem Teich einfanden, um Gesundung zu erfahren, die nur dann eintrat, wenn der Engel des Herrn das Wasser bewegte. Obwohl der Teich in erster Linie ein Sammelbecken für Regenwasser war, wurde er in bestimmten Abständen auch von einer sprudelnden Quelle gespeist, die das Wasser aufwallen ließ. Wer dann zuerst in den Teich stieg, war geheilt, unabhängig davon, an welcher Erkrankung er litt. Betesda muss ein Ort des Elends gewesen sein: Massen von Blinden, Lahmen und Ausgezehrten, die alle auf ihre Chance hofften. Ein seit 38 Jahren gelähmter Mann war über alle Maßen betrübt, seine Behinderung ließ einfach nicht zu, dass er als erster in den Teich gelangen konnte. Jesus hatte mit ihm Erbarmen und sagte:
Steh auf, nimm dein Bett und geh hin!
(Johannes 5,8)
Der Mann ist geheilt, die frommen Juden aber sind höchst irritiert, weil dies am Sabbat geschah, an dem keinerlei Arbeit, weder eine Heilung noch das Tragen von Gegenständen, verrichtet werden darf. Doch Jesus ist das Leiden des Gelähmten wichtiger als das Gesetz. Jesus sieht nicht die Menschenmasse, sondern jeden Einzelnen und seinen individuellen Schmerz. Es geht ihm um den Elenden und Verlorenen, ihm geht er nach. Jesus sagt in Matthäus 18,12–13:
Wenn ein Mensch hundert Schafe hätte und eins unter ihnen sich verirrte: lässt er nicht die neunundneunzig auf den Bergen und sucht das verirrte? Und wenn es geschieht, dass er's findet, wahrlich, ich sage euch: er freut sich darüber mehr als über die neunundneunzig, die sich nicht verirrt haben.
Jesus wohnte anlässlich seiner letzten Pilgerreise während der Passafeierlichkeiten in Betanien, einem Dorf am Ölberg, etwa drei Kilometer von Jerusalem entfernt. Hier hatten die Geschwister Lazarus, Maria und Martha ihr Zuhause. Es ist sehr wahrscheinlich, dass Jesus mit ihnen gut befreundet war. Viele biblische Geschichten ranken sich um diesen Ort: Wenn Jesus mit seinen Jüngern dort einkehrte, fuhr Martha alles auf, was verfügbar war, und tat alles, damit es ihren Gästen gut ging, während Maria zu Jesu Füßen saß und zuhörte. Dass sich Martha über das Nichtstun ihrer Schwester bei Jesus beschwerte, ist nur zu verständlich. Darauf Jesus:
Martha, Martha, du hast viel Sorge und Mühe. Eins aber ist not. Maria hat das gute Teil erwählt.
(Lukas 10,41–42)
Wer hätte mit einer solchen Antwort gerechnet ?
Hier in Betanien fand auch die Auferweckung des Lazarus von den Toten statt. Maria und Martha hatten nach Jesus um Hilfe geschickt, als ihr Bruder im Sterben lag. Jesus kam aber erst, als Lazarus bereits vier Tage tot und in Verwesung übergegangen war. Er lässt den Stein von der Grabhöhle wegrollen und ruft Lazarus heraus, der zum größten Erstaunen der Trauergemeinde aus dem Grab stieg. Jesus weiter:
Ich bin die Auferstehung und das Leben. Wer an mich glaubt, der wird leben, auch wenn er stirbt; und wer da lebt und glaubt an mich, wird nimmermehr sterben.
(Johannes 11,25–26)
An dieses Wunder in Betanien erinnern heute eine Kirche und das ehemalige Grab des Lazarus.
Offensichtlich war Jesus in Betanien auch mit anderen Bewohnern gut bekannt, zum Beispiel mit Simon dem Aussätzigen. Die Lepra (Aussatz) galt damals als unheilbar und führte zum Ausschluss aus der Gesellschaft. Jesus störte sich nicht an diesen Vorurteilen, sondern er setzte sich zusammen mit seinen Jüngern zu diesem Ausgestoßenen an einen Tisch. Während des Essens kommt eine Frau mit kostbarem Öl, salbt Jesus, wäscht ihm mit ihren Tränen die Füße und trocknet sie danach mit ihren aufgelösten Haaren. Die ganze Tischgemeinschaft ist entsetzt: Welche Intimität vor aller Leute Augen. Und welche Verschwendung:
Man hätte dieses Öl für mehr als dreihundert Silbergroschen verkaufen können und das Geld den Armen geben.
(Markus 14,5)
Wäre das nicht im Sinne Jesu gewesen? Aber Jesus gibt eine völlig unerwartete Antwort und beschwichtigt:
Ihr habt allezeit Arme bei euch, und wenn ihr wollt, könnt ihr ihnen Gutes tun, mich aber habt ihr nicht allezeit.
(Markus 14,7)
Diese Handlung kann sowohl als angedeutete Königssalbung verstanden werden wie auch als ein Bild für die vorweggenommene Totensalbung. Jesus weiß um diese Symbolik; die anderen schütteln nur verwundert den Kopf.
Überhaupt ist das Verhältnis Jesu zu Frauen bemerkenswert. Er befreit sie von ihren gesellschaftlichen Zwängen, akzeptiert sie in seinem Jüngerkreis und betrachtet sie als gleichberechtigt: unglaublich für diese Zeit, unglaublich für dieses Land. Später schreibt Paulus dazu in Galater 3,28:
... hier ist nicht Mann noch Frau; denn ihr seid allesamt einer in Christus Jesus.

Blick auf die Westmauer des ehemaligen Tempels und die 54 Meter hohe, weithin leuchtende goldene Kuppel des Felsendoms. Von der Stadt, wie Jesus sie kannte, ist wenig übrig geblieben, vom Tempel noch weniger, nur die westliche Außenbegrenzung, die Klagemauer, jetzt eine Art Freiluftsynagoge. Die Mauer wurde erst 1988 nach umfangreichen archäologischen Arbeiten auf einer Länge von 80 Metern zum Beten freigegeben. Ihre Fundamente liegen durch Verschüttungen und Zerstörungen mittlerweile 19 Meter unter der Erdoberfläche. Die Mauer ist jetzt knapp 18 Meter hoch. Hier beklagen die frommen Juden den Verlust des von Herodes gebauten Tempels, der im Jüdischen Krieg 70 n. Chr. von den Römern geschliffen wurde. Der Tempel war ihr religiöses Zentrum.

Für den Islam ist der achteckige Felsendom mit vergoldeter Kuppel der drittheiligste Platz der Welt. Er wird wegen seiner Schönheit auch als „Juwel der Architektur Jerusalems“ bezeichnet. An seiner Stelle hat sich zur Zeit Jesu der Tempel, das höchste Heiligtum der Juden, befunden. Der Talmud sagt über ihn: „Wer den Tempelbau des Herodes nicht gesehen hat, der hat noch kein schönes Bauwerk gesehen.“ Und der römische Geschichtsschreiber Josephus Flavius: „Das äußere Ansehen dieses Tempels setzte Geist und Auge in Bewunderung ... Bei Sonnenaufgang strahlte er in feuerähnlichem Glanz, der die Augen der Beschauer gleich den Sonnenstrahlen blendete.“

In der Mitte des moslemischen Felsendoms befindet sich der Überlieferung nach der 17,7 mal 13,5 Meter große „Heilige Felsen", der mit dem Berg Morija identisch ist, auf dem der Erzvater Abraham auf Gottes Geheiß seinen geliebten Sohn Isaak opfern sollte (1. Mose 22,1–12). Der Stein ist möglicherweise auch ein Teil des Dreschbodens von Arauna (2. Samuel 24,18–25) gewesen, den König David für die Errichtung des ersten Tempels käuflich erwarb. Dort baute er auch einen Altar. Damals wie heute wird das Getreide auf einem erhöhten Platz mit hartem Untergrund gedroschen und danach in die Luft geworfen, damit der Wind die „Spreu vom Weizen trennt." Später wurde im Allerheiligsten des Tempels auch die Bundeslade mit den Gesetzestafeln Gottes aufgestellt. Auch Jesus durfte nie ins Allerheiligste eintreten, hat sich aber sehr oft im Tempelareal aufgehalten.

Fürwahr, er trug unsre Krankheit und lud auf sich unsre Schmerzen. Wir aber hielten ihn für den, der geplagt und von Gott geschlagen und gemartert wäre. Aber er ist um unsrer Missetat willen verwundet und um unsrer Sünde willen zerschlagen. Die Strafe liegt auf ihm, auf dass wir Frieden hätten, und durch seine Wunden sind wir geheilt.

(Jesaja 53,4–5)

Jesus wusste, was ihn erwartete und warum es geschah, er hat sein Leiden und seinen Tod mehrfach vorausgesagt. Die Menschen in seiner Umgebung konnten allerdings wenig damit anfangen. Für sie kam alles überraschend, für sie war Jesu Tod zunächst auch etwas Endgültiges. An eine spätere Auferstehung konnten sie nicht glauben, obwohl Jesus diese prophezeit. Natürlich hätte er sich seinen Peinigern entziehen können, aber auch dieser letzten Versuchung widerstand er. Jesus kannte das Schicksal der Stadt Jerusalem, die etwa 40 Jahre später von den Römern zerstört werden sollte. Im Tempel sollte kein Stein auf dem anderen bleiben. Nach einem jüdischen Aufstand (66–70 n. Chr.) wurde auf dem Areal ein römischer Jupitertempel errichtet, die Juden wurden aus Judäa in alle Himmelsrichtungen vertrieben und durften Jerusalem nicht mehr betreten: Aus Judäa wurde die Provinz Syria Palaestina, aus Jerusalem Aelia Capitolina. Nichts sollte mehr an die Juden und ihre Religion erinnern.

Am Palmsonntag zieht Jesus unter dem Jubelruf galiläischer Festpilger „Hosianna dem Sohn Davids“ und „Hosianna! Gelobt sei, der da kommt im Namen des Herrn!“ in Jerusalem ein. Etwa 100 000 Menschen sind zum bevorstehenden Passafest nach Jerusalem gekommen, die Stadt platzt aus allen Nähten. Die Stimmung ist hochexplosiv. Könnte nicht zum diesjährigen Passafest abermals eine Befreiung des jüdischen Volkes von der Fremdherrschaft gelingen, wie damals beim Auszug aus Ägypten? Ist Jesus die Person, die – wie einst Moses – das Volk in die Freiheit führt?

Auf dem Ölberg sieht Jesus sein Jerusalem und den Tempel im gleißenden Licht und in der ganzen Herrlichkeit vor sich liegen. Da übermannen ihn die Tränen, und er weint bitterlich. An jene Begebenheit erinnert die kleine Kirche „Dominus Flevit“ (Der Herr hat geweint). Von hier aus hat man auch heute noch einen großartigen Blick auf die Jerusalemer Altstadt und den jetzigen Felsendom. In unmittelbarer Nachbarschaft finden sich in wunderschöner Umgebung und malerischer Landschaft noch eine ganze Reihe von Kapellen und Gedenkstätten, unter anderem die Pater-Noster-Kirche und die Grotte der Unterweisung, wo Jesus seine Jünger das Vaterunser gelehrt haben soll.

Am Abend seiner Gefangennahme versammeln sich seine zwölf Jünger um ihn herum in einem Haus auf dem Berg Zion. Es ist der Tag, an dem die Juden traditionell das Passalamm in Erinnerung an ihre Knechtschaft in Ägypten opfern, als Gott die Ägypter mit Plagen schlug, um für sein Volk Abzug und Auswanderung zu erzwingen, die der Pharao mehrfach zugesagt hatte. Damals hatte auf Anweisung Moses jeder Israelit das Blut eines reinen, makellosen Lammes an den Türpfosten seines Hauses zu streichen, als Zeichen, dass der Engel des Herrn die angedrohte Strafe, den Tod der Erstgeburt, nicht in dem markierten Haus vollstreckte. Und jetzt, über 1000 Jahre später, die gleichen Zeichen: Das Blut eines Unschuldigen muss geopfert werden, damit die Menschen, die sich zu diesem Opfer bekennen, vor der Strafe Gottes bewahrt werden:

Und er nahm das Brot, dankte und brach's und gab's ihnen und sprach: Das ist mein Leib, der für euch gegeben wird; das tut zu meinem Gedächtnis. Desgleichen auch den Kelch nach dem Mahl und sprach: Dieser Kelch ist der neue Bund in meinem Blut, das für euch vergossen wird!

(Lukas 22,19–20)

Natürlich verstehen die Jünger zu diesem Zeitpunkt noch nicht, dass Jesus sich in Brot und Wein selber schenkt. Die volle Bedeutung dieser Handlung wird sich den Jüngern erst durch seinen Tod am Kreuz erschließen, spätestens aber nach der Auferstehung. Noch weniger begreifen sie, warum ihnen Jesus vor dem Mahl die Füße wäscht.

Aber wer groß sein will unter euch, der soll euer Diener sein; und wer unter euch der Erste sein will, der soll aller Knecht sein.

(Markus 10,43–44)

Fresco von Giotto di Bondone (1266–1337), *Einzug Christi in Jerusalem* (Detail), um 1305, Cappella Scrovegni, Padua

Mit dem Einzug Jesu in Jerusalem erfüllt sich eine Verheißung aus dem Alten Testament. Der Prophet Sacharja beschreibt, wie der zukünftige Friedenskönig auf einem Esel in Jerusalem einzieht und ihm das Volk zujubelt: *Du, Tochter Zion, freue dich sehr, und du, Tochter Jerusalem, jauchze! Siehe, dein König kommt zu dir, ein Gesalbter und ein Helfer, arm und reitet auf einem Esel, auf einem Füllen der Eselin.* (Sacharja 9,9)

Nach Meinung der Jünger müssten eher sie ihm die Füße waschen. Er ist ihr Meister, und die Fußwaschung vor der Mahlzeit galt als unentbehrlich, aber unappetitlich und wurde deshalb zu den niederen Arbeiten gerechnet. Nach Johannes 13,1–17 wäscht Jesus seinen Jüngern die Füße als Zeichen vorbehaltloser, demütiger Dienst- und Liebesbereitschaft am Nächsten.
Der Abendmahlssaal befindet sich im ersten Stock eines Hauses auf dem Berg Zion, das bis auf die originalen Grundmauern aus einer späteren Periode stammt. Der Speisesaal (Koenakulum) wurde nach der Zerstörung von den Kreuzrittern im gotischen Stil wieder aufgebaut. Sehr wahrscheinlich hat sich

Hans Multscher
(um 1400–1467),
Christus am Ölberg
(Wurzacher Altar), 1437,
Staatliche Museen zu Berlin

Jesus betet, sein Schicksal vor Augen, im Garten Gethsemane, während die Jünger schlafen und Judas die Tempelwache zu ihm führt.

in diesem Haus auch die christliche Urgemeinde Jerusalems getroffen; hier sind die Jünger ein und aus gegangen, viele Erzählungen aus der Apostelgeschichte haben sich hier abgespielt.
Jesus weiht in diesem Saal seine Jünger in die Geschehnisse der bevorstehenden Nacht ein und erntet abermals Unverständnis. Sie wollen Verrat, Folter und Tod von Jesus nicht wahrhaben und noch weniger ihr eigenes Versagen dabei. Petrus geht am weitesten*:*
Herr, ich bin bereit, mit dir ins Gefängnis und in den Tod zu gehen. Er (Jesus) *aber sprach: Petrus, ich sage dir: Der Hahn wird heute nicht krähen, ehe du dreimal geleugnet hast, dass du mich kennst.* (Lukas 22,33–34)
Welch eine Ernüchterung!
Nach dem Abendmahl geht Jesus, *wie er es gewohnt war* (Lukas 22,39), mit seinen Jüngern zum Ölberg und zieht sich in den Garten Gethsemane zurück, um seine Furcht im Gebet zu überwinden und sich dem Willen Gottes zu unterwerfen: Die bevorstehende Übernahme der Schuldenlast der ganzen Welt lastet schwer auf seinem Gewissen. Hier bittet er auch drei seiner Jünger, mit ihm zu wachen und zu beten. Sie schlafen aber ein und versagen kläglich, so dass Jesus sie dreimal wecken muss. Hier weint er aus Todesangst blutige Tränen.
Seine Vorliebe für Gethsemane ist allen bekannt, auch seinem Jünger Judas, so dass er die Tempelwache gezielt an diesen Ort führt. Er geht auf seinen Meister zu und verrät ihn durch einen Kuss, das verabredete Zeichen für die Männer, die Jesus festnehmen sollen. Ein derartiger Begrüßungskuss zwischen Schüler und Lehrer ist im Orient der damaligen Zeit etwas Alltägliches und bestens geeignet, den Gesuchten kenntlich zu machen. Für seinen Verrat erhält Judas 30 Silberlinge, das ist ungefähr so viel, wie ein Tagelöhner in einem Monat verdient. Im mosaischen Gesetz (2. Mose 21,32) entspricht dies bemerkenswerterweise der festgelegten Haftpflichtsumme für einen getöteten Sklaven.
Voller Entrüstung über den feigen Verrat und die unverständliche Festnahme Jesu zieht Petrus das Schwert und schlägt dem Malchus, einem Knecht des Hohepriesters, ein Ohr ab.
Da sprach Jesus zu ihm: Stecke dein Schwert an seinen Ort! Denn wer das Schwert nimmt, der soll durchs Schwert umkommen. (Matthäus 26,52)
Jesus heilt das Ohr des Malchus durch Handauflegen, während die Jünger fliehen und sich die ganze Nacht über nicht mehr sehen lassen. Judas wird sich seiner Schuld bewusst, will das Geld den Hohepriestern zurückgeben:
Ich habe Unrecht getan, dass ich unschuldiges Blut verraten habe. Sie aber sprachen: Was geht uns das an? Da sieh du zu! (Matthäus 27,4)
Judas wirft das Blutgeld in den Tempel und erhängt sich aus Verzweiflung. Nur Jesus kann Vergebung aussprechen.
Damals wie heute stehen in Gethsemane alte, knorrige Olivenbäume. Acht von ihnen sind so alt, dass sie durchaus schon zu Jesu Zeiten hier gestanden haben könnten. Daneben befindet sich die Verratsgrotte, die in kalten Nächten auch als Übernachtungsstätte gedient haben mag. Im romantischen Garten liegt die Kirche der Nationen (Kirche der Qual), in der Franziskanermönche die Erinnerung an jenen Abend wachhalten. Hinter dem Garten Gethsemane verläuft wie eh und je ein alter Feldweg durch terrassenartig angelegte Olivenhaine nach Betanien; ihn wird Jesus wohl oft benutzt haben.
Jesus wird noch in der Nacht zum Hohepriester Kaiphas in die Oberstadt geführt. Es geht darum, eine Schuld nachzuweisen, um ihn zum Tode verurteilen zu können. Ein schwieriges Unterfangen bei einem Menschen, der frei von Schuld ist. Aber letztendlich ist alles nur eine Interpretationsfrage. Da Jesus behauptet, Gottes Sohn zu sein, wird er wegen Gotteslästerung vor den Hohen Rat, die oberste Behörde des Judentums, und am darauf folgenden Morgen vor Pontius Pilatus und Herodes Antipas geführt. Niemand will sich die Hände schmutzig machen. Schließlich ordnet Pilatus auf massiven Druck der religiösen Führer des jüdischen Volkes die Kreuzigung an. Ibis ad crucem, du wirst das Kreuz besteigen! Er wäscht sich nach dem Urteil demonstrativ vor der Menge die Hände, um dadurch seine Unschuld an dem Urteil zu beweisen.
Kaiphas aber war es, der den Juden geraten hatte, es wäre gut, ein Mensch stürbe für das ganze Volk.
(Johannes 18,14)
Der Hohepriester ahnt, dass Jesu Einfluss auf das Volk zunehmen könnte, rechnet mit Aufruhr am Passafest und blutiger Niederschlagung durch die Römer und befürchtet seinen damit verbundenen Machtverlust. Er hält Jesus für einen Störenfried aus der Provinz, für einen Wanderprediger. Ohne es zu wissen, kündigt er mit seinen Worten prophetisch Jesu Tod stellvertretend für die ganze Welt an. Einer für alle!
Im Palasthof des Hohepriesters Kaiphas steht Petrus. Er sieht, wie Jesus verhöhnt und geschlagen wird. Petrus wird dreimal kurz hintereinander von Bediensteten erkannt und als Jesu Jünger identifiziert, dreimal leugnet er, dann kräht der Hahn. Petrus schreckt zusammen, fühlt sich elend, weint. Er wollte stark sein, wollte Jesus beistehen und versagt erbärmlich. Doch er bereut, baut auf die göttliche Gnade, wendet sich wieder Jesus zu und wird zum „Fels“ des Glaubens.
Man vermutet, das Haus des Kaiphas gefunden zu haben, einschließlich einer Gefängniszelle in den Kellergewölben, in der Jesus eingesperrt gewesen sein könnte. Hier erhebt sich jetzt die Kirche „St. Peter in Gallicantu“ (Hahnenschreikirche). Eine wunderschöne, stark verwitterte Treppe führt hinauf, auf der auch Jesus gegangen sein müsste, wenn er sich in diesem Hause gefangen gehalten worden sein sollte.

Die jetzige etwa zwölf Meter hohe Altstadtmauer Jerusalems umfasst, von kleinen Abweichungen abgesehen, das Jerusalem, so wie es Jesus kannte. Die Befestigung wurde allerdings erst zwischen 1534 und 1540 auf den Fundamenten von römischen, byzantinischen und mameluckischen Mauern von Sultan Suleiman zum Schutz vor räuberischen Beduinen erbaut und offenbart die eindrucksvolle Verschmelzung von Funktionalität und Ästhetik.

Blick vom Ölberg auf die Altstadt von Jerusalem, die goldglänzende Kuppel des Felsendoms und die Ostmauer des Tempels. Über den Ölberg ist Jesus oft gegangen und hat dieses einzigartige Panorama der Stadt, die damals völlig anders aussah, genossen. Auf dem Berg ereignete sich auch die Himmelfahrt Christi. Hier wird er bei seiner Wiederkunft erwartet. An diesem Ort voller Hoffnungen lassen sich seit etwa 4000 Jahren fromme Juden aus aller Welt bestatten, so dass heute ein Großteil des Berges von Friedhofsanlagen bedeckt ist. Es soll der älteste, kontinuierlich benutzte Friedhof der Welt sein.

Der von Jesus oft aufgesuchte Garten Gethsemane (übersetzt: Ölkelter) am Fuße des Ölbergs mit uralten Olivenbäumen und der Kirche der Nationen. Einige Bäume sollen noch aus dem 1. Jahrhundert stammen. Hier betet Jesus vor seiner Festnahme voller Angst zu seinem Vater, hier wird Jesus von Judas verraten und von der Tempelwache verhaftet, hier zieht sein Jünger Petrus aus Protest das Schwert und schlägt dem Malchus, einem Knecht des Hohepriesters, ein Ohr ab. Hier spricht Jesus die denkwürdigen Worte: *Stecke dein Schwert an seinen Ort! Denn wer das Schwert nimmt, der soll durchs Schwert umkommen.* (Matthäus 26,52)

Denn also hat Gott die Welt geliebt, dass er seinen eingeborenen Sohn gab, damit alle, die an ihn glauben, nicht verloren werden, sondern das ewige Leben haben.

(Johannes 3,16)

Jesus wird zu Pontius Pilatus ins Prätorium, den offiziellen Amtssitz des römischen Statthalters, gebracht. Über Jahrhunderte hinweg ist man davon ausgegangen, dass es sich bei dem Präterium um die Festung Antonia gleich neben dem Tempel handelte, wo auch die römischen Soldaten kaserniert waren. Es ist aber viel wahrscheinlicher, dass Pilatus in der Zitadelle, König Herodes' oberem Palast im Westen der Stadt gleich neben dem Jaffator, Quartier bezogen hat, wenn er in Jerusalem weilte. Dieser Palast muss ausgesprochen luxuriös gewesen sein: Springbrunnen, Parkanlagen und Teiche. Hier hat nach längerem Hin und Her Pilatus das Todesurteil verkündet, obwohl ihm seine Frau riet, er möge sein Gewissen nicht durch den Tod eines Gerechten belasten. Hier wird Jesus auch vor der Urteilsverkündung gegeißelt, das heißt mit Lederriemen derart ausgepeitscht, dass er später außer Stande ist, ohne fremde Hilfe zum Richtplatz zu gehen. An den Enden dieser Riemen haben sich sicherlich – wie damals üblich – Knochenstücke, Metallkugeln und Stacheln befunden, die die Qualen des Ausgepeitschten noch verstärkten. Nicht selten wurde das Opfer bewusstlos. Den blutüberströmten Körper Jesu hat man danach weiter geschlagen, angespuckt, ihm einen Purpurmantel umgehängt und eine Dornenkrone auf das Haupt gedrückt, um ihn als König der Juden zu verhöhnen. Das Leiden und Sterben des Messias ist bereits im Alten Testament an verschiedenen Stellen prophetisch angesprochen worden, zum Beispiel bei Jesaja 50,6:

Ich bot meinen Rücken dar denen, die mich schlugen, und meine Wangen denen, die mich rauften. Mein Angesicht verbarg ich nicht vor Schmach und Speichel.

All dies erträgt Jesus ohne Gegenwehr wie ein Lamm, das zur Schlachtbank geführt wird.

Der Foltersituation wird in den Gemäuern der französischen Zionsschwestern gedacht. Dort ist der Boden des Kellergewölbes mit riesengroßen Steinen gepflastert („Lithostrotos"), in die Quadrate, Dreiecke und allerlei Symbole eingeritzt sind. Es ist zweifelsfrei erwiesen, dass das Pflaster damals zu einem römischen Marktplatz gehörte, möglicherweise stammen die eingravierten Bilder von römischen Soldaten, die sich damit die Zeit ein wenig vertreiben wollten. Der Platz der Geißelung muss damals etwas erhaben gewesen sein; er wird auch als „Gabbata" (Höhe) bezeichnet. Der Platz wurde allerdings erst nach Christus angelegt, so dass zwar die damalige Situation gut nachempfunden werden kann, der Ort aber nicht authentisch ist.

So verhält es sich auch mit dem gesamten Weg von der Festung Antonia nach Golgatha, wo die Kreuzigung erfolgte. Dieser im Mittelalter rekonstruierte Leidensweg Jesu wird als „Via dolorosa" (Schmerzensstraße) bezeichnet. Auf dieser Straße haben nach biblischen Überlieferungen zahlreiche Ereignisse stattgefunden, die in entsprechenden Kapellen gewürdigt werden. Von den jetzigen 14 Kreuzwegstationen werden allerdings in den Evangelien nur neun genannt. Der dreimalige Fall Jesu, die Begegnung mit seiner Mutter und das Überreichen des Schweißtuches der Veronika entspringen späteren Traditionen, sind aber gut nachvollziehbar und durchaus realistisch. Die letzten fünf Stationen des Weges befinden sich in der Grabeskirche. Jeden Freitag gibt es hier zum Gedenken an den Schmerzensweg eine Prozession, die sich durch die engen Gassen zwängt.

Gleich beim Konvent der Schwestern von Zion überspannt der „Ecce-Homo-Bogen" die Via dolorosa, wo Pilatus die auf Jesus gemünzten Worte

Seht, welch ein Mensch! (Johannes 19,5)

ausgerufen haben soll. Ob er damit seine Verachtung oder Hochachtung ausgedrückt hat, bleibt umstritten. Auch dieser Bogen stammt aus späterer Zeit. Von der ehemaligen Pracht der Zitadel-

Matthias Grünewald (1470/75–1528), *Verspottung Christi*, 1503, Alte Pinakothek, München

Die Männer aber, die Jesus gefangen hielten, verspotteten ihn und schlugen ihn, verdeckten sein Angesicht und fragten: Weissage, wer ist's, der dich schlug? Und noch mit vielen anderen Lästerungen schmähten sie ihn. (Lukas 22,63–65)
Der geschundene Jesus ist im Hofe des Kaiphas der Brutalität und der Willkür der Schergen des Hohepriesters und der schaulustigen Menge ausgesetzt.

le ist nur noch der Davidsturm (Phasaelturm, benannt nach dem Bruder des Königs Herodes) mit jetzt minarettartiger Spitze übrig geblieben. Da er damals vollständig aus Stein gemauert wurde, konnten ihn die Römer nach den jüdischen Aufständen nicht zerstören.

Das Kreuzigen galt unter den Römern als eine besonders perfide und grausame Hinrichtungsart, die vorzugsweise nichtrömischen Sklaven und Aufrührern vorbehalten war. Der Verurteilte hatte den Querbalken des Kreuzes selbst zum Richtplatz zu tragen, wo bereits ein senkrecht aufgestellter Pfahl auf den Delinquenten wartete. Das Opfer wurde mittels etwa zwölf Zentimeter langer Nägel durch Handgelenke und Fersenbeine ans Kreuz geschlagen (nicht wie allgemein angenommen und in der Kunst immer wieder dargestellt durch Handflächen und Mittelfuß). Der Tod trat meist nach lang andauernden Qualen durch Ersticken ein, da die Atemmuskulatur durch das Gewicht des aufgehängten Körpers behindert wurde. Zog sich das Sterben zu lange hin, brach man dem Verurteilten beide Beine, damit er sich nicht mehr abstützen konnte und schneller starb.

Jesus war durch die Folter in Pilatus' Prätorium so sehr geschwächt, dass er sein Kreuz nicht mehr allein tragen konnte. Die fünfte Kreuzwegstation, eine kleine, unscheinbare Kapelle der Franziskaner, erinnert daran, dass der vom Feld heimkommende Simon von Kyrene gezwungen wurde, Jesu Kreuz zu tragen. Jesus wurde wie ein räudiger Hund nach Golgatha getrieben, das außerhalb der Stadt, aber nahe einer Ausfallstraße lag. Jedermann sollte dem Schauspiel beiwohnen können, jeder sollte abgeschreckt werden. Golgatha könnte der Rest eines alten Steinbruchs gewesen sein, der nur noch aus minderwertigem, nicht abbauwürdigem Kalkstein bestand und von weitem an einen Totenschädel erinnerte (Schädelstätte,

Pieter Bruegel d. Ä. (1525/30–1569), *Die Kreuztragung Christi*, 1564, Kunsthistorisches Museum, Wien

Jesus war durch die Folter in Pilatus' Prätorium so sehr geschwächt, dass er sein Kreuz nicht mehr allein tragen konnte: Sicherlich ist er mehrfach unter der Last zusammengebrochen. So wurde Simon von Kyrene, der sich in der unmittelbaren Umgebung aufhielt, gezwungen, das Kreuz zu tragen.

Ambrogio Lorenzetti,
Kreuzigung, um 1330,
Eremitage St. Petersburg

Als nun Jesus seine Mutter sah und bei ihr den Jünger, den sie lieb hatte, spricht er zu seiner Mutter: Frau, siehe, das ist dein Sohn! Danach spricht er zu dem Jünger: Siehe, das ist deine Mutter! Und von der Stunde an nahm sie der Jünger zu sich. (Johannes 19,26–27)

In der Stunde seiner größten Not, im Todeskampf, hadert er nicht mit seinem Schicksal, denkt zuerst an andere, nicht an sich: Jesus möchte, dass seine Mutter versorgt ist. Da sie sich nicht von ihrem zum Tode verurteilten Sohn, der sie bislang ernährte, distanziert, hat sie keinen Anspruch auf eine Versorgung aus der Armenkasse des Tempels. Jesus weiß das und bittet seinen Jünger Johannes, sich wie ein Sohn um seine Mutter zu kümmern.

Totenkopfhügel). Hier war Jesu letzte irdische Station, seine Hinrichtungsstätte. Er wurde gegen neun Uhr ans Kreuz genagelt und starb nach sechs schweren Stunden etwa um 15 Uhr just zu dem Zeitpunkt, als im Tempelbezirk die Lämmer für das Passamahl geschlachtet wurden. Mit großer Wahrscheinlichkeit liegt der Todestag Jesu im Frühjahr des Jahres 30 bis 32. Am Fuße des Kreuzes saßen römische Soldaten und teilten sich Jesu Habseligkeiten. Da sein Gewand aus einem Stück ohne Naht gewebt war und einen gewissen Wert darstellte, wollten sie es nicht zerschneiden und würfelten darum.

Sie teilen meine Kleider unter sich und werfen das Los um mein Gewand.
(Psalm 22,19)

Als Jesu durstig war, wurde ihm zum Hohn ein Schwamm mit Essig auf einem Stöckchen gereicht.

Sie geben mir Galle zu essen und Essig zu trinken für meinen Durst.
(Psalm 69,22)

Zu seiner rechten und linken Seite wurden mit ihm zwei Kriminelle gekreuzigt, mit denen er sich kurz vor seinem Tod noch unterhielt. Der eine lästerte und verspottete Jesus, der andere erkannte ihn als den Messias, sah sich zu Recht bestraft und bat Jesus, sich für ihn in seinem göttlichen Reich einzusetzen. Darauf Jesus:

Wahrlich ich sage dir: Heute wirst du mit mir im Paradies sein.
(Lukas 23,43)

Dieses letzte Gespräch ist kennzeichnend für Jesu ganzes Wesen: Aufrichtiges Sündenbekenntnis und Annahme des Messias als Erlöser ist ausreichend, um das ewige Leben zu erlangen, unabhängig davon, wie groß die Schuld im irdischen Leben auch gewesen sein mag. Auf seinem letzten Weg ist Jesus von allen Mitstreitern verlassen. In dieser Leere betet er den Psalm 22,2:

Mein Gott, mein Gott, warum hast du mich verlassen?

und wendet sich noch einmal seinem Gott zu:

Vater, ich befehle meinen Geist in Deine Hände! (Lukas 23,46)

In Jesu Todesstunde bebt die Erde, die Sonne verdunkelt sich, und der Vorhang im Jerusalemer Tempel, der das Allerheiligste abtrennt, zerreißt von oben nach unten mitten entzwei. Auch dies hat eine tiefe Symbolik: Mit Jesu Erlösungswerk sind die Menschen mit ihrem Gott wieder ausgesöhnt, es gibt nichts Trennendes mehr. Nach Jesu Tod sticht ihm ein Soldat mit der Lanze in den Brustkorb, um sich seines Todes sicher zu sein. Das sonst übliche Brechen der Beine zur Beschleunigung des Sterbens ist deshalb wie bei beiden Mitverurteilten nicht mehr notwendig:

... und sollt keinen Knochen an ihm zerbrechen. (2. Mose 12,46)

Von treuen Freunden wird Jesu Leichnam vom Kreuz abgenommen, gesalbt, in ein Leinentuch gewickelt und später in einem in unmittelbarer Nähe befindlichen Felsengrab würdig bestattet. Dieses Grab hat der reiche, gläubige Ratsherr Josef von Arimathäa eigentlich für sich selbst anlegen lassen, überlässt es jetzt aber Jesus. Er ist ein Jünger Jesu, stellt sich aus Überzeugung gegen die Entscheidung des Hohen Rats, dem er angehört, und verschließt eigenhändig das Grab mit einem Rollstein. Üblicherweise werden Gekreuzigte verbrannt oder in Massengräbern beigesetzt.

Über Jesu Hinrichtungsstätte und seinem nahebei liegenden Grab, das Archäologen übereinstimmend als echt bezeichnen und das als der heiligste Ort der Christenheit gilt, erhebt sich die Grabeskirche im eigentümlich anmutenden Stil des türkischen Rokoko. Hier sind sechs christliche Konfessionen vertreten: die orthodoxe, katholische, armenische, koptische, jakobitische und äthiopische. Die Besitzverhältnisse sind ausgesprochen kompliziert, es herrscht nicht immer Einheit und Eintracht. Jede Konfession hat ihre eigenen Andachten und Prozessionen. Das ganze Bauwerk ist eine Zusammensetzung von unterschiedlichen Kapellen, Altären, Kuppeln, Dächern, Treppen, Leuchtern, Bildern und Ikonen.

Hier hat Jesus am Kreuz seine denkwürdigen Worte

Vater vergib ihnen; denn sie wissen nicht, was sie tun! (Lukas 23,34)

gesprochen. In der Stunde seiner größten Not, im Todeskampf, hadert er nicht mit seinem Schicksal, denkt zuerst an seine Peiniger, bittet an ihrer statt um Vergebung und fordert uns auf, Gleiches zu tun. In der außergewöhnlichen Situation am Kreuz lebt er uns praktisch vor, was er in der Bergpredigt gefordert hat. Seinen Feinden zu vergeben und sie zu lieben ist wohl bis heute die größte Herausforderung der christlichen Lehre.

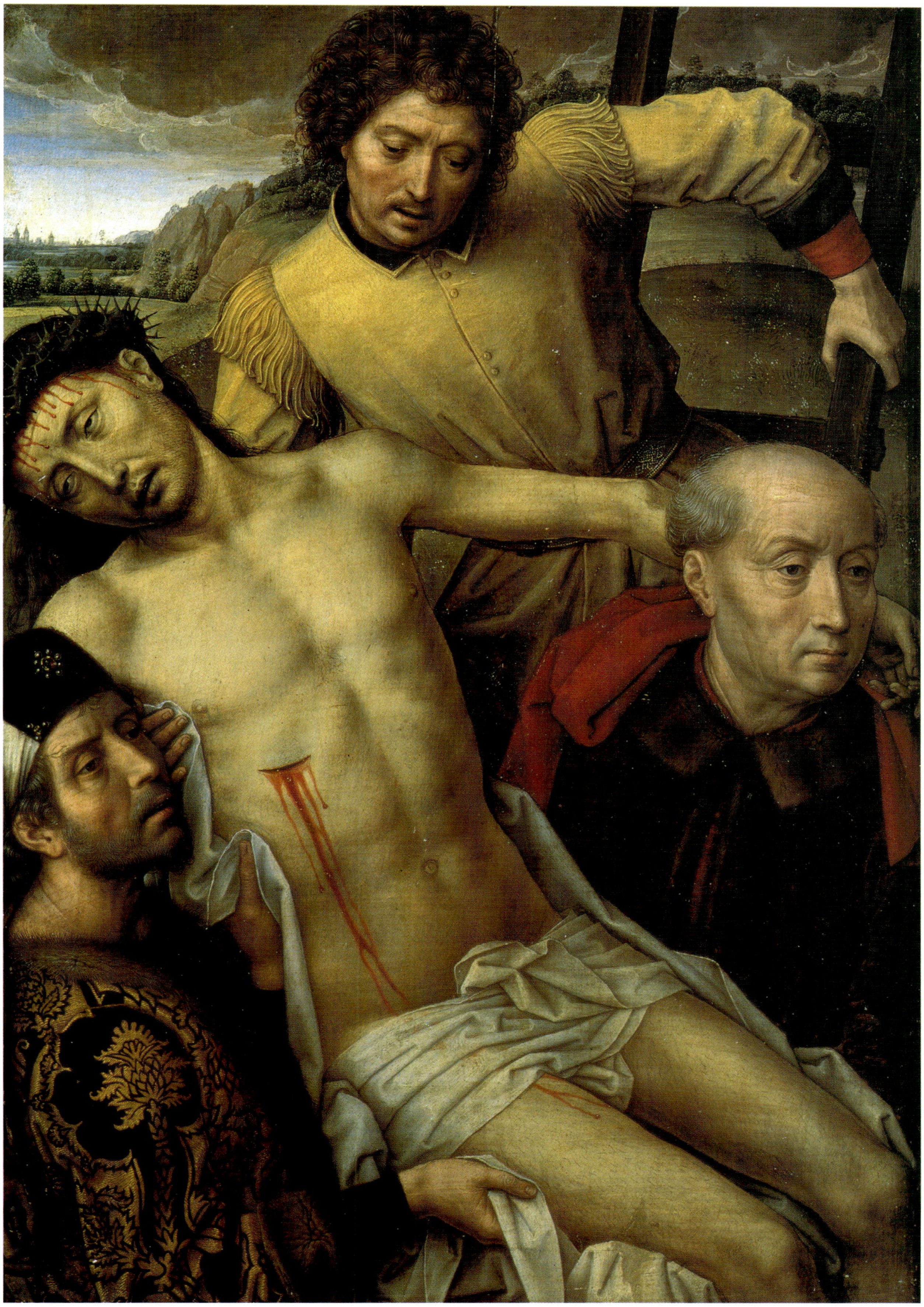

Hans Memling (1433/40–1494), *Kreuzabnahme*, um 1480, Capilla Real, Alhambra, Granada

Da kam er (Josef von Arimathäa) *und nahm den Leichnam Jesu ab. Es kam aber auch Nikodemus ... und brachte Myrrhe gemischt mit Aloe, etwa hundert Pfund. Da nahmen sie den Leichnam Jesu, und banden ihn in Leinentücher mit wohlriechenden Ölen, wie die Juden zu begraben pflegen.* (Johannes 19,38–40) Jesu Leichnam wird vom Kreuz abgenommen und würdig in einem Felsengrab bestattet. Es ist das Grab, das der reiche, gläubige Ratsherr Josef von Arimathäa für sich hat anlegen lassen, jetzt aber Jesus überlässt. Er, ein Jünger Jesu, stellt sich aus Überzeugung gegen die Entscheidung des Hohen Rats, dem er angehört, und verschließt eigenhändig das Grab mit einem Rollstein. Üblicherweise werden Gekreuzigte verbrannt oder in einem Massengrab beigesetzt.

Im Mittelalter wurde der Leidensweg Jesu von der Verurteilung in der Festung Antonia durch Pontius Pilatus bis zur Kreuzigung auf Golgatha rekonstruiert. Auf dieser Schmerzensstraße (Via dolorosa) haben nach biblischen Überlieferungen zahlreiche Ereignisse stattgefunden, die in entsprechenden Kapellen gewürdigt werden. Die letzten fünf Stationen des Weges befinden sich in der Grabeskirche. Jeden Freitag gibt es hier zum Andenken eine Prozession, die sich durch die engen Gassen zwängt. Jesus nahm aber nach heutigem Wissenstand in der Zitadelle und nicht in der Festung Antonia sein Kreuz auf. Die wirkliche Via dolorosa würde dann um 90° gedreht verlaufen.

VII ST

Über Jesu Hinrichtungsstätte, seinem Grab und Auferstehungsort erhebt sich die Grabeskirche, hier eine Aufnahme der Südfassade (die rechte Tür des Doppeltores wurde von Sultan Saladin zugemauert). Die Kirche gilt zu Recht als der heiligste Ort der Christenheit. Hier sind sechs christliche Konfessionen vertreten: die orthodoxe, katholische, armenische, koptische, jakobitische und äthiopische. Jede hat ihre eigenen Andachten und Prozessionen. Das ganze Bauwerk ist eine Zusammensetzung von unterschiedlichen Kapellen, Altären, Kuppeln, Dächern, Treppen, Leuchtern, Bildern und Ikonen.

Am Ende des Leidensweges liegt in einer düster wirkenden Rotunde im Zentrum der Grabeskirche die Grabeskapelle mit dem Christusgrab, über die sich eine 50 Meter hohe Kuppel erhebt. Das Heilige Grab, das von griechisch-orthodoxen Priestern bewacht wird, ist eine Felsenkammer, die der reiche und einflussreiche Josef von Arimathäa für sich hat anlegen lassen und das er nach der Grablegung Jesu eigenhändig mit einem Rollstein verschloss (Matthäus 27,59–60). Vor dem Grab befindet sich die so genannte Engelskapelle, wo der Überlieferung nach der Osterengel saß (Matthäus 28,2).

Jesus Christus spricht:
Und siehe, ich bin bei euch alle Tage bis an der Welt Ende.

(Matthäus 28,20)

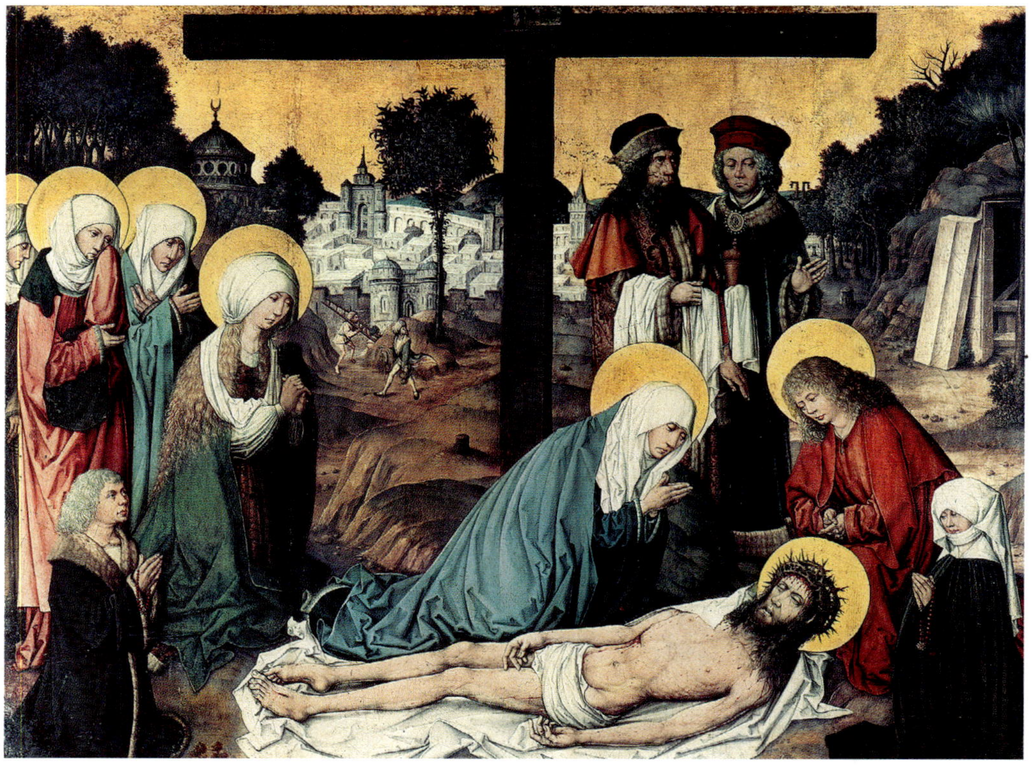

Der Ort von Jesu Kreuzigung ist zugleich der Ort seiner Auferstehung: die Grabeskirche. Schmerz und Elend liegen unmittelbar neben Freude und Hoffnung.
Am ersten Tag der Woche kommt Maria von Magdala früh, als es noch finster war, zum Grab und sieht, dass der Stein vom Grab weg war ... Als sie nun weinte, schaute sie in das Grab und sieht zwei Engel in weißen Gewändern sitzen, einen zu Häupten und den andern zu den Füßen, wo sie den Leichnam Jesu hingelegt hatten. ... Sie spricht zu ihnen: Sie haben meinen Herrn weggenommen, und ich weiß nicht, wo sie ihn hingelegt haben. Und als sie das sagte, wandte sie sich um und sieht Jesus stehen und weiß nicht, dass es Jesus ist. Spricht Jesus zu ihr: Frau, was weinst du? Wen suchst du? Sie meint, es sei der Gärtner und spricht zu ihm: Herr, hast du ihn weggetragen, so sage mir, wo du ihn hingelegt hast, dann will ich ihn holen. Spricht Jesus zu ihr: Maria! Da wandte sie sich um und spricht zu ihm auf hebräisch: Rabbuni!, das heißt: Meister! Spricht Jesus zu ihr; Rühre mich nicht an! Denn ich bin noch nicht aufgefahren zum Vater.
(Johannes 20,1 und 11–17)
Maria aus Magdala, eine von Jesu Jüngerinnen, die seinen Leichnam salben will, ist die erste an seinem Grab, erkennt den Auferstandenen aber zunächst nicht. Erst als sie Jesus anspricht, werden ihr die Augen geöffnet. Das „Rühre mich nicht an!“ oder anders übersetzt „Halte mich nicht fest!“ klingt zunächst abweisend, korrigiert aber letztendlich unsere unzureichende Vorstellung von der Auferstehung: Auferstehung ist nicht Rückkehr in das alte, vergangene Leben und die vertrauten Bindungen, sondern Aufbruch und Durchbruch in eine neue Dimension des Lebens, ein Leben in unmittelbarer Nähe zu Gott jenseits von Raum und Zeit und menschlichen Beschränktheiten. Dass Jesus Christus aus dem Grabe auferstanden ist und den Tod besiegt hat, gibt uns die Gewissheit, dass auch wir zum ewigen Leben gelangen werden, wenn wir ihm nachfolgen. Der Tod hat nicht das letzte Wort. Das Grab ist leer! Die Auferstehung Jesu Christi gibt uns auch Hoffnung für unsere eigene Auferstehung und steht im Zentrum des christ-

Gemälde vom Meister des Hausbuchs, *Die Beweinung Christi*, um 1480, Gemäldegalerie Alte Meister Dresden

Die Trauer um Jesu Tod ist in der Kunst immer wieder dargestellt worden. Obwohl Jesus im Vorfeld mehrfach auf seinen notwendigen Opfertod hingewiesen hat, konnten die Menschen in seiner Umgebung nichts damit anfangen. Erst nach Jesu Auferstehung wird der Heilsplan Gottes für sie offensichtlich.

Rembrandt (1606–1669)
Die Auferstehung Christi,
aus den Passionsbildern,
1633–1639, Alte Pinakothek
München

Und siehe, es geschah ein großes Erdbeben. Denn der Engel des Herrn kam vom Himmel herab, trat hinzu und wälzte den Stein weg und setzte sich darauf. Seine Gestalt war wie der Blitz und sein Gewand weiß wie Schnee. Die Wachen aber erschraken aus Furcht vor ihm und wurden, als wären sie tot. (Matthäus 28,2–4)
Die Auferstehung Jesu Christi gibt uns die Gewissheit, dass auch wir zum ewigen Leben gelangen werden, wenn wir ihm nachfolgen. Sie steht im Zentrum des christlichen Glaubens.

lichen Glaubens. Wer sich dieser Hoffnung verschließt, nimmt dem Glauben den tiefen Sinn und bleibt im Diesseits verhaftet.
Da sich Maria Magdalena eine Auferstehung nicht vorstellen kann, geht sie von einem Diebstahl der Leiche aus, obwohl das Grab bewacht wurde, um gerade dieses Schreckensszenario zu verhindern. Jesus sollte ein für allemal tot sein; seine Anhänger sollten nicht versucht werden, die Leiche für ihre Zwecke zu missbrauchen. Nun, da Jesu Leichnam augenscheinlich fehlte, wies der Hohepriester die Soldaten an, das Gerücht eines Diebstahls in die Welt zu setzen, um den Schaden zu begrenzen und eine natürliche Ursache für das leere Grab zu konstruieren.
Die Auferstehung Jesu Christi kann man sich am besten im so genannten Gartengrab vorstellen, das 1883 an der Straße nach Nablus unweit des Damaskustores gefunden wurde. Um das zweikammrige antike Felsengrab ist ein Garten mit allerlei interessanten Pflanzen angelegt worden. Der Ort ist zwar keineswegs historisch, aber die Stimmung ist authentisch. Hier kann man zu Ostern unter duftenden Bäumen und weinumrankten Lauben die Atmosphäre erspüren, in der Maria Magdalena am Ostersonntag den auferstandenen Jesus als Gärtner verkannte. Hier wird die frohe Osterbotschaft lebendig.
So wie Maria Magdalena ergeht es am gleichen Tage auch zwei Jüngern auf dem Weg von Jerusalem nach Emmaus: Sie wandern voller Trauer, als Jesus zu ihnen tritt. Gemeinsam unterhalten sie sich über die Kreuzigung, ohne dass sie in dem Fremden Jesus erkennen. Erst als sie ihn einladen, mit ihnen den Abend zu verbringen:
Bleibe bei uns; denn es will Abend werden, und der Tag hat sich geneigt,
(Lukas 24,29)
und er das Brot mit ihnen bricht, erkennen sie ihn.
Bald darauf erscheint Jesus sieben Jüngern am See Genezareth bei Tabgha. Sie haben, enttäuscht vom Tode Jesu, ihre alte Tätigkeit als Fischer wieder aufgenommen und kehren gerade ohne Fang vom See zurück, als Jesus sie anspricht und auffordert, nochmals an einer anderen Stelle die Netze auszuwerfen. Erst als die Netze nach Jesu Anweisung zum Bersten gefüllt sind, erkennen sie ihn:
Es ist der Herr! (Johannes 21,7)
Die erfahrenen Fischer sind allein nicht erfolgreich, reicher Ertrag ist nur mit Jesus möglich, denn:
... ohne mich könnt ihr nichts tun.
(Johannes 15,5)
Später wird er sie auffordern, das Evangelium zu verbreiten, und sie so zu Menschenfischern machen.
Sind diese drei Begebenheiten nicht bezeichnend für unser Leben? Bleibt uns nicht oft das Naheliegende verborgen? Laufen wir nicht oft als Irrende durch diese Welt und sind mit Blindheit geschlagen? Erkennen wir oft nicht gerade das, worauf es wirklich ankommt? Die Engel am Grab sagen:
Was sucht ihr den Lebenden bei den Toten? Er ist nicht hier, er ist auferstanden ... (Lukas 24,5–6)
Man geht davon aus, dass Emmaus 23 Kilometer vor Jerusalem auf der Straße nach Tel Aviv in der malerischen Ebene von Latrun liegt und dem jetzigen Dorf Amwas entspricht. Gleich daneben befinden sich ein Trappistenkloster und eine sehenswerte Kirchenruine.
Ähnlich wie mit den Fischern verhält es sich auch mit dem ungläubigen Thomas, einem Jünger Jesu: Obwohl elf seiner Kameraden den auferstandenen Jesus gesehen haben, sagt er:
Wenn ich nicht an seinen Händen die Nägelmale sehe und meinen Finger in die Nägelmale lege und meine Hand in seine Seite lege, kann ich's nicht glauben.
(Johannes 20,25)
Acht Tage später tritt Jesus auf ihn zu und sagt:
Reiche deinen Finger her und sieh meine Hände und reiche deine Hand her und lege sie in meine Seite, und sei nicht ungläubig, sondern gläubig! ... Weil du mich gesehen hast, Thomas, darum glaubst du. Selig sind, die nicht sehen und doch glauben!
(Johannes 20,27–29)
Dies ist das ganze Geheimnis des Glaubens. Hier geht es nicht rational zu: Glauben ist eine Gnade und ein Geschenk Gottes.
Im Turiner Dom wird das Grabtuch eines gegeißelten und gekreuzigten Mannes, der zu Zeiten Jesu lebte, aufbewahrt. Auch heute lassen sich durch vielerlei wissenschaftliche Untersuchungen der Blutspuren die unerträglichen Qualen des Opfers nachzeichnen. Es ist ein erschütterndes Zeugnis. Die Mehrzahl der 58 aufgefundenen und untersuchten Pollen stammt aus der Umgebung von Jerusalem. Ist es Jesu Grabtuch?
Vierzig Tage nach der Auferstehung geht Jesus mit seinen Jüngern auf den Ölberg und fordert sie auf, in alle Welt zu gehen, das Evangelium zu predigen und ein neues Gottesvolk aus allen Völkern, die späteren Christen, zu sammeln. Nachdem er ihnen den Heiligen Geist versprochen und sie gesegnet hat,
... wurde er aufgehoben gen Himmel und setzte sich zur Rechten Gottes.
(Markus 16,19)
Zwei Engel in weißen Gewändern beobachten die entgeistert blickenden, staunenden Jünger:
Ihr Männer von Galiläa, was steht ihr da und seht zum Himmel? Dieser Jesus, der von euch weg gen Himmel aufgenommen wurde, wird so wiederkommen, wie ihr ihn habt gen Himmel fahren sehen. (Apostelgeschichte 1,11)
Auf dieses Ereignis wartet die ganze Christenheit mit großer Freude: Jesus kommt wieder!
Der Himmelfahrt Jesu Christi wird in drei verschiedenen Gotteshäusern auf dem Ölberg gedacht: in einem russisch-orthodoxen Kloster, einer griechisch-orthodoxen Kirche und einer 1198 in eine Kirche umgewandelten Moschee, in der auch Jesu angeblich letzter Fußabdruck gezeigt wird.
Die Person Jesus ist der eigentliche Kern, um den es den Christen geht und immer gegangen ist. Es stellt sich erneut die anfängliche Frage, die Jesus damals an seine Jünger gerichtet hat und die heute an uns alle gestellt ist:
Wer sagt denn ihr, dass ich sei?
(Matthäus 16,15)
Wer ist Jesus Christus für uns? Wer ist er für dich?

Rembrandt (1606–1669), *Die Jünger von Emmaus*, 1648, Louvre, Paris

Nach der Auferstehung zeigt sich Jesus auf dem Weg nach Emmaus zwei seiner Jünger. Sie wandern voller Trauer über Jesu Tod, als er zu ihnen tritt. Gemeinsam unterhalten sie sich über die Kreuzigung, ohne dass sie in dem Fremden Jesus sehen. Erst als sie ihn einladen, mit ihm den Abend zu verbringen und er das Brot mit ihnen bricht, erkennen sie ihn an den alltäglichen Handgriffen und sind höchst verwundert und irritiert. Laufen wir nicht oft als Suchende durch diese Welt und sind mit Blindheit geschlagen? Ist Emmaus nicht überall?

Dieses Exemplar einer Bibel stammt aus dem 13. Jahrhundert aus dem Museum Calouste Gulbenkian in Lissabon. Die Bibel ist das erstaunlichste Buch der Welt. Kein anderes hat die Menschheit so stark und nachhaltig geprägt wie sie. Kein anderes hat zu seiner Entstehung über 1000 Jahre benötigt, keines wurde öfter gelesen, häufiger übersetzt, sorgfältiger redigiert. Für gläubige Christen ist die Bibel das Wort Gottes, die Heilige Schrift, die Frohe Botschaft. Und Jesus ist der Anfang und das Ende, das Alpha und das Omega, er zieht sich wie ein roter Faden durch dieses Buch, durch das Alte und das Neue Testament.

Er ist *das Brot des Lebens* (Johannes 6,35)
und *das Licht der Welt* (Johannes 8,12).

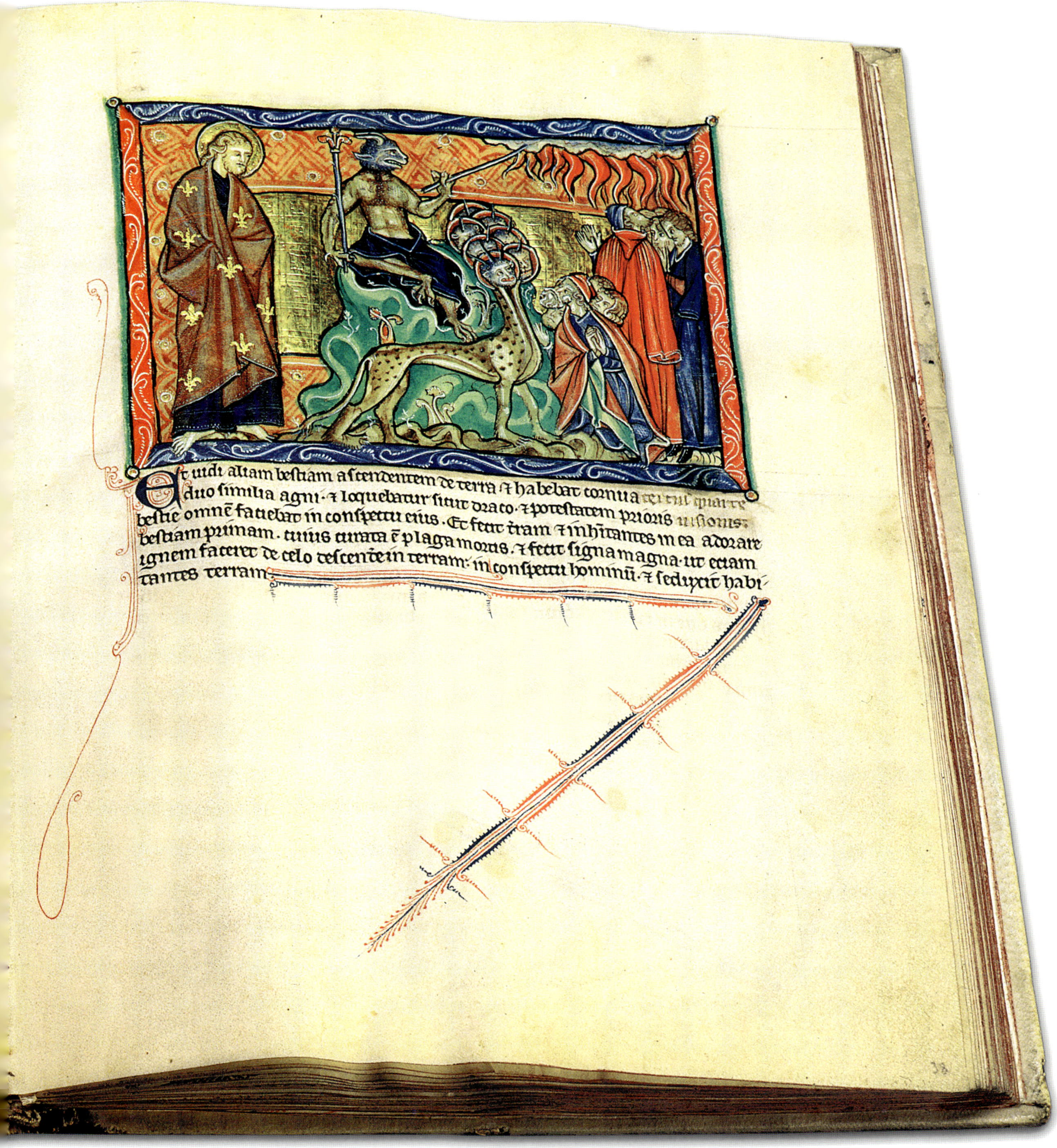
Et uidi aliam bestiam ascendentem de terra & habebat cornua
duo similia agni. & loquebatur sicut draco. & potestatem prioris
bestie omnē faciebat in conspectu eius. Et fecit trram & inhitantes in ea adorare uisionis
bestiam primam. cuius curata ē plaga mortis. & fecit signa magna. ut etiam
ignem faceret de celo descendere in terram: in conspectu hominū. & seduxit habi-
tantes terram.

A	
Abraham	erster Stammvater Israels im Alten Testament
Abschalom	Sohn König Davids, der sich gegen seinen Vater erhob
Adummim	enger Gebirgspass zwischen Jerusalem und Jericho
Aelia Capitolina	römische Bezeichnung von Jerusalem nach dessen Zerstörung
Andreas	Jünger Jesu
Antonia	Festung, Sitz des römischen Militärs in Jerusalem
Apostel	nach dem Neuen Testament die von Jesus zur Verkündigung seiner Lehre ausgewählten zwölf Jünger (siehe dort), später kommen weitere Personen hinzu, zum Beispiel Paulus. Allen ist gemein, dass sie in die Welt gesandt wurden, um das Evangelium zu verkünden und neue Gemeinden zu gründen. (apostéllein=griech. „senden“)
Apostelgeschichte	Buch des Neuen Testaments, verfasst von Lukas
Augustus	römischer Kaiser (44 v. Chr. bis 14 n. Chr.)
B	
Bartholomäus	Jünger Jesu, auch Nathanael genannt
Batanäa	Land östlich des Sees Genezareth, über das der liberale Landesfürst Herodes Philippus zur Zeit Jesu herrschte (4 v. Chr.–34 n. Chr.). Seine Herrschaft erstreckte sich zur selben Zeit auch auf die Region Ituräa. In sein Gebiet wich Jesus immer wieder aus, wenn ihm andernorts nachgestellt wurde.
Betanien	1. Dorf südöstlich von Jerusalem am Ölberg 2. Ort jenseits des Jordans, wo Johannes der Täufer auch Jesus taufte
Betesda	Teich in Jerusalem, Ort von Heilungen
Bethlehem	Geburtsort von Jesus
Betsaida	Fischerdorf am Nordufer des Sees Genezareth, in dessen Nähe Jesus einem Blinden das Augenlicht wiedergab. Jesus sagt Betsaida und der Stadt Chorazin wegen des frevelhaften Lebens ihrer Bewohner den Untergang voraus.
C	
Caesarea maritima	Hauptstadt der römischen Statthalter in Judäa
Caesarea Philippi	Hauptstadt von Herodes Philippus
Chorazin	Stadt im Norden vom See Genezareth, der Jesus den Untergang voraussagt
D	
David	König und Gründer des Reiches Israel (etwa 1000 v. Chr.)
E	
Elia	Prophet in Israel (um 850 v. Chr., übersetzt: Jahwe ist mein Gott). Ruft das Volk und die Machthaber wiederholt auf, der Vielgötterei abzuschwören.
Emmaus	Ort in Judäa, an dem zwei Jünger Jesus nach seiner Auferstehung zunächst nicht erkannten
Essener	religiöse Gemeinschaft im Judentum (etwa 150 v. Chr. bis 70 n. Chr.), die sich klösterlich abgesondert hatte. Ein Teil ihres Schrifttums wurde am Toten Meer in Qumran gefunden.
Evangelien	neutestamentliche Schriften über Jesus. Es gibt vier Evangelien, die von Matthäus, Markus, Lukas und Johannes verfasst wurden. (evangelion=griech. „gute Botschaft“)
Evangelist	Person, die die „gute Botschaft“ verkündigt, aber nicht zwangsläufig wie die Apostel dazu ausgesandt werden muss.
F	
Felsendom	muslimisches Heiligtum an der Stelle des ehemaligen Jerusalemer Tempels
G	
Gabbata	hebräisch „Höhe“, Ort von Jesu Verurteilung
Galiläa	Landschaft westlich des Sees Genezareth. Der machtbesessene und rücksichtslose Herodes Antipas herrschte über Galiläa und Peräa von 4 v. Chr. bis 39 n. Chr.
Genezareth	21 mal zwölf Kilometer großer Süßwassersee, Galiläisches Meer, das Nordwestufer ist der Haupttätigkeitsort von Jesus Christus.

Gethsemane	hebräisch „Ölkelter“, Olivenbaumgarten am Ölberg bei Jerusalem, Stätte des Gebets und der Gefangennahme Jesu
Golgatha	Schädelstätte, Ort der Kreuzigung Jesu
H	
Halleluja	hebräisch „preiset Gott“
Heide	Nichtjude
Herodes der Große	Prokurator und König Judäas (37–4 v. Chr.)
Herodes Archelaus	Landesfürst von Judäa (4 v. Chr.–6 n. Chr.)
Herodes Antipas	despotischer Landesfürst von Galiläa und Peräa (4 v. Chr. –39 n. Chr.)
Herodes Philippus	liberaler Landesfürst u. a. von Ituräa und Batanäa (4 v. Chr.–34 n. Chr.)
Hohepriester	Oberhaupt der Priesterschaft des Jerusalemer Tempels, höchster Repräsentant des jüdischen Volkes und Vorsitzender des Hohen Rates
Hoher Rat	Sanhedrin (hebr.), höchste Instanz des Judentums in römischer Zeit für religiöse, politische und gerichtliche Belange
Hosea	um 750 v. Chr. tätiger Prophet in Juda (übersetzt: „Jahwe hat geholfen“)
Hosianna	hebräisch „hilf doch!“, Fleh- und Jubelruf
I	
Isaak	Sohn Abrahams und zweiter Erzvater Israels
Ituräa	Land östlich des Sees Genezareth, über das der liberale Landesfürst Herodes Philippus zur Zeit Jesu herrschte (4 v. Chr.–34 n. Chr.). Seine Herrschaft erstreckte sich zur selben Zeit auch auf die Region Batanäa. In sein Gebiet wich Jesus immer wieder aus, wenn er andernorts verfolgt wurde.
J	
Jakob (später auch Israel genannt)	Enkel Abrahams und dritter Erzvater Israels
Jakobus d. Ä. (Zebedäi)	Jünger Jesu
Jakobus d. J. (Alphäi)	Jünger Jesu
Jeremia	um 626 v. Chr. berufener Prophet (übersetzt: „Der Herr ist erhaben“), prophezeite den Untergang des Südreichs
Jericho	Oase und Stadt unweit der Mündung des Jordans ins Tote Meer. Auf dem Berg der Versuchung (Berg der Vierzig), einem steilen, nach Jericho abfallenden Wüstenberg wird Jesus während einer 40tägigen Fastenzeit dreimal vom Teufel versucht. Der Ort des Geschehnisses ist in der Bibel nicht genauer beschrieben; der Begebenheit wird auf dem Berg gedacht, wo auch das gleichnamige Kloster an der Felswand eingelassen ist.
Jerusalem	geistiges und politisches Zentrum von Israel, auch zur Zeit Jesu
Jesaja	Prophet im 8. Jahrhundert v. Chr. in Judäa (übersetzt: „Jahwe hat Heil gespendet“), prophzeite den Untergang des Nordreiches
Johannes	1. Jünger Jesu, Verfasser des Johannesevangeliums (Symbol: Adler) 2. der Täufer, rief zur Buße auf und taufte Jesus
Jordan	Fluss, der am Fuße des Berges Hermon entspringt und ins Tote Meer mündet
Josef	1. Vater von Jesus 2. von Arimathäa, Pharisäer, überließ sein Grab Jesus 3. Lieblingssohn von Jakob, dem Enkel Abrahams, der von seinen Brüdern nach Ägypten verkauft wurde
Joseph Kaiphas	Hohepriester von 18–36 n. Chr.
Josephus Flavius	römischer Geschichtsschreiber (um 37–100 n. Chr.), der auch von Jesus berichtete
Josua	Anführer Israels, der das Volk ins verheißene Land (Kanaan) führte.
Judas	Jünger Jesu, der ihn durch einen Kuss verriet
Judäa	Landschaft zwischen Mittelmeer und Totem Meer Die Provinzen Judäa und Samaria werden zur Zeit von Jesu Kreuzigung vom römischen Prokurator Pontius Pilatus verwaltet.
Jünger Jesu	Petrus, Andreas, Jakobus d. Ä. (Zebedäi), Johannes, Philippus, Bartholomäus, Matthäus, Thomas, Jakobus d. J. (Alphäi), Thaddäus, Simon und Judas (Ischarioth)

K	
Kapernaum	Stadt am See Genezareth, in der Jesus wirkte
Kana	Stadt in Galiläa, wo Jesus anlässlich einer Hochzeit Wasser in Wein verwandelte
Kanaan	Bezeichnung des Heiligen Landes in vorisraelitischer Zeit
Kreuzweg	in der kath. Kirche Andachtsform zum Gedenken an die Passion Jesu von der Verurteilung bis zur Kreuzigung. Die Jerusalempilger schritten seit dem Mittelalter den Weg von der Burg Antonia bis zum Kalvarienberg ab. Aus den neutestamentlichen Passionsberichten und frommer Überlieferung wurde der Weg durch verschiedene „Stationen" – schließlich allgemein 14 – gekennzeichnet.
L	
Lazarus	wurde in Betanien durch Jesus von den Toten auferweckt
Leviten	Priester als Tempeldiener, leiten sich von Levi, dem dritten Sohn Jakobs, der der Stammvater der Leviten ist, ab
Lithostrotos	griech. „Steinpflaster", Ort von Jesu Verurteilung
Lukas	Verfasser des Lukasevangeliums (Symbol: Stier)
M	
Maria	1. Mutter Jesu 2. aus Magdala (Maria Magdalena), Jüngerin Jesu; sie sah den Auferstandenen als Erste 3. aus Betanien, Schwester von Martha und Lazarus
Markus	Verfasser des Markusevangeliums (Symbol: Löwe)
Matthäus	Jünger Jesu, Verfasser des Matthäusevangeliums (Symbol: Mensch)
Messias	hebräisch „Gesalbter"
Micha	Prophet in Jerusalem im 7./8. Jahrhundert v. Chr.
Morgenland	Zweistromland zwischen Euphrat und Tigris, woher die drei Weisen stammten
Moses	Prophet, der die Israeliten 40 Jahre aus Ägypten durch die Wüste führte, aber kurz vor dem Einzug ins verheißene Land starb. Ihm offenbarte Gott die Zehn Gebote.
N	
Nathanael (Bartholomäus)	Jünger Jesu
Nazareth	Ort in Galiläa, in dem Jesus aufwuchs
O	
Ölberg	Berg im Osten Jerusalems, hier wurde Jesus gefangen genommen, hier erwarteten die Juden den Messias
P	
Paulus	Apostel, verfasste mehrere Briefe an christliche Gemeinden, zum Beispiel Brief an die Kolosser, Galater, Epheser. War zunächst Gegner Jesu und der Urgemeinde (damals war sein Name Saulus), später einer der engagiertesten Verfechter des christlichen Glaubens, wird in der Kunst mit einem Schwert dargestellt.
Peräa	Land östlich des Jordans und des Toten Meeres. Der machtbesessene und rücksichtslose Herodes Antipas herrscht über Galiläa und Peräa von 4 v. Chr. –39 n. Chr.
Petrus	Jünger Jesu, siehe Simon Petrus
Pharisäer	Schriftgelehrte im Judentum, die dem Gesetz Mose höchste Priorität einräumten, Mitglieder des Hohen Rats
Philippus	Jünger Jesu
Plinius d. J.	römischer Redner und Schriftsteller (um 62– um 113 n. Chr.)
Pontius Pilatus	römischer Statthalter in Judäa (26–36 n. Chr.)
Prätorium	Amtssitz des röm. Statthalters in Jerusalem
Prokurator	römischer Verwalter, Statthalter
Publius Quinctilius Varus	römischer Feldherr, der 4 v. Chr. Aufstände in Judäa blutig niederschlug, stürzte sich im Jahr 9 n. Chr. nach der Schlacht im Teutoburger Wald in sein eigenes Schwert

Q

Qumran – Ort einer religiösen Gemeinschaft (vermutlich Essener) am Toten Meer, an dem wertvolle Schriftrollen des Alten Testaments entdeckt wurden

S

Sabbat – im Alten Testament verordneter Ruhetag der Juden. Im Judentum 7. Tag der Woche (Sonnabend), dient der Erinnerung an Gottes Schöpfungswerk.

Sacharja – Prophet um 520 v. Chr. (übersetzt: „Erinnert hat sich der Herr"), rief das Volk in Jerusalem auf, den Tempel wieder aufzubauen

Sadduzäer – Elite im Judentum, gehörte der Priesterklasse an und suchte den politischen Ausgleich, Mitglieder des Hohen Rats

Saladin – Sultan von Ägypten und Syrien (1138–1193) und frommer Muslim, hat aus Angst vor den Prophetien das Goldene Tor in Jerusalem zumauern und moslemische Gräber davor anlegen lassen, denn der Messias darf als jüdischer Hohepriester keinen Friedhof betreten

Salomo – prächtig herrschender König von Israel (etwa 968–928 v. Chr.), Sohn König Davids

Samaria – Landstrich im Heiligen Land nördlich von Judäa.

Samariter – Einwohner von Samaria, ein Mischvolk von Juden und Heiden; wurden von den Juden abgelehnt, Jesus wendet sich ihnen aber bewusst zu.

Simon aus Kyrene – Jude aus Nordafrika, der von den Römern gezwungen wurde, Jesu Kreuz zu tragen

Simon der Aussätzige – Jesu Gastgeber in Betanien, wo eine Frau Jesus vor dem Passafest salbte

Simon der Zelot – Jünger Jesu, auch Simon Kanaäus genannt

Simon Petrus – Jünger Jesu, verleugnete Jesus dreimal, nach Jesu Himmelfahrt wurde er Gründer der christlichen Kirche. Wird in der Kunst mit einem Schlüssel dargestellt

Sinai – Berg, auf dem Mose die Zehn Gebote empfing

Sueton – römischer Schriftsteller (um 70 bis um 130 n. Chr.), erwähnt Jesus indirekt in seinen Werken.

Sychar – Ort des Brunnens, an dem Jesus die Samariterin traf und mit ihr über den Heiligen Geist sprach. Seine Jünger waren erstaunt, dass er sich mit einer von den Juden Verachteten unterhielt.

Synagoge – Versammlungs- und Gebetshaus der Juden

Syria Palaestina – römische Bezeichnung für die Provinz Judäa nach deren vollständiger Niederlage im Jüdischen Krieg (70 n. Chr.)

T

Tabor – Berg in Galiläa, Ort der Verklärung Jesu

Tabgha – Ort am See Genezareth, an dem das Wunder der Brotvermehrung stattfand

Tacitus – römischer Historiker und Schriftsteller (55–116 n. Chr.), berichtet in seinen „Annalen" über Jesus

Talmud – hebräisch „Lehre"

Testament – von lateinisch „testari" = „bezeugen", Altes und Neues Testament als Teile der Bibel

Thaddäus – Jünger Jesu

Thomas – Jünger Jesu, zweifelnd und ungläubig

Tiberias – Stadt am Westufer des Sees Genezareth, von Herodes Antipas gegründet und nach Tiberius benannt

Tiberius – römischer Kaiser (14–37 n. Chr.)

Totes Meer – Salzsee am Südende des Jordantals

V

Via dolorosa – Jesu Weg zur Kreuzigungsstätte, Schmerzensweg nach Golgatha

Via Maris – Meeresstraße, die Ägypten mit Damaskus verband

Z

Zachäus – Zöllner, bei dem Jesus einkehrte und der daraufhin seine Sünden bekannte

Zelot – Angehöriger einer jüdischen Gruppierung, die mit Waffengewalt ihre Heimat von den Römern befreien wollte

Zion – Berg in Jerusalem, wo das letzte Abendmahl gefeiert wurde

Zitadelle – Ort in Jerusalem, wo Herodes der Große, später wahrscheinlich Pontius Pilatus residierte

DAS HEILIGE LAND ZUR ZEIT JESU
Mittelmeer
Sidon
Hermon
Damaskus
Tyrus
Cäsarea Philippi
TYRUS
Gischala
GALILÄA
Ptolemaïs
Chorazin
Kapernaum
Betsaida
See
Gennesaret
Gennesaret
Magdala
Gergesa
Kana
Tiberias
Hippos
Raphana
Dion
Kanata
Sennabris
Nazaret
Tabor
Nain
Dora
Gadara
DECAPOLIS
Cäsarea
Scythopolis
Ginäa
Pella
SAMARITANER
Samaria
(Sebaste)
Sychar
Garizim
Gerasa
Antipatris
Jordan
PERÄA
Gadora
Joppe
Philadelphia
Lydda
Efraim
Jericho
Emmaus
Betfage
Betanien
Jerusalem
Betabara
Askalon
JUDÄA
Totes Meer
Gaza
Hebron
Machärus
IDUMÄA
Gebiet des Prokurators von Judäa unter Pontius Pilatus
Gebiet der Tetrarchie des Herodes Antipas
Gebiet der Tetrarchie des Philippus
0
25
50 km